最新法律文件解读丛书

行政与执行法律文件解读

总第160辑(2018.4)

最新法律文件解读丛书编选组　编

人民法院出版社

图书在版编目(CIP)数据

行政与执行法律文件解读. 总第160辑/最新法律文件解读丛书编选组编. —北京:人民法院出版社,2018.7
(最新法律文件解读丛书)
ISBN 978-7-5109-2219-0

Ⅰ.①行… Ⅱ.①最… Ⅲ.①行政法-法律解释-中国
Ⅳ.①D922.105

中国版本图书馆CIP数据核字(2018)第176777号

行政与执行法律文件解读·总第160辑
最新法律文件解读丛书编选组 编

责任编辑 张 奎
出版发行 人民法院出版社
地 址 北京市东城区东交民巷27号 邮编 100745
电 话 (010)67550673(责任编辑) 67550558(发行部查询)
65223677(读者服务部)
客服QQ 2092078039
网 址 http://www.courtbook.com.cn
E-mail courtbook@sina.com
印 刷 三河市国英印务有限公司
经 销 新华书店
开 本 787×1092毫米 1/16
字 数 140千字
印 张 8
版 次 2018年7月第1版 2018年7月第1次印刷
书 号 ISBN 978-7-5109-2219-0
定 价 22.00元

卷首语

2018 年 3 月 20 日，第十三届全国人大一次会议表决通过了《中华人民共和国监察法》（以下简称监察法），监察法是为了推进全面依法治国，实现国家监察全面覆盖，深入开展反腐败工作而制定的法律。监察法包括总则、监察机关及其职责、监察范围和管辖、监察权限、监察程序、反腐败国际合作、对监察机关和监察人员的监督、法律责任和附则等 9 章，共 69 条。

2018 年 3 月 2 日，国务院发布《快递暂行条例》（以下简称《条例》），自 2018 年 5 月 1 日起施行。《条例》是为促进快递业健康发展，保障快递安全，保护快递用户合法权益，加强对快递业的监督管理，根据《中华人民共和国邮政法》和其他有关法律制定。《条例》共 8 章 48 条，对经营、使用、监督管理快递业务作出了规范与保障，是有关部门、企事业单位、行业协会、从业人员和用户应当遵守的行为规则。《条例》的制度安排在促进行业发展、推进“放管服”改革、保护用户权益、完善服务规则和保障快递安全等方面实现了突破和创新，有些突破可以说是历史性的。

《最新法律文件解读》丛书
编 辑 部

范春雪 （010）67550525

姜 峤 （010）67550573

丁丽娜 （010）67550608

张 奎 （010）67550673

路建华 （010）67550660

执行编辑 张 奎

目　录

[法律、法律性文件与解读]

中华人民共和国监察法

（2018年3月20日第十三届全国人民代表大会第一次会议通过）

目 录

第一章 总 则

第一条 为了深化国家监察体制改革，加强对所有行使公权力的公职人员的监督，实现国家监察全面覆盖，深入开展反腐败工作，推进国家治理体系和治理能力现代化，根据宪法，制定本法。

第二条 坚持中国共产党对国家监察工作的领导，以马克思列宁主义、毛泽东思想、邓小平理论、“三个代表”重要思想、科学发展观、习近平新时代中国特色社会主义思想为指导，构建集中统一、权威高效的中国特色国家监察体制。

第三条　各级监察委员会是行使国家监察职能的专责机关，依照本法对所有行使公权力的公职人员（以下称公职人员）进行监察，调查职务违法和职务犯罪，开展廉政建设和反腐败工作，维护宪法和法律的尊严。

第四条　监察委员会依照法律规定独立行使监察权，不受行政机关、社会团体和个人的干涉。

监察机关办理职务违法和职务犯罪案件，应当与审判机关、检察机关、执法部门互相配合，互相制约。

监察机关在工作中需要协助的，有关机关和单位应当根据监察机关的要求依法予以协助。

第五条　国家监察工作严格遵照宪法和法律，以事实为根据，以法律为准绳；在适用法律上一律平等，保障当事人的合法权益；权责对等，严格监督；惩戒与教育相结合，宽严相济。

第六条　国家监察工作坚持标本兼治、综合治理，强化监督问责，严厉惩治腐败；深化改革、健全法治，有效制约和监督权力；加强法治教育和道德教育，弘扬中华优秀传统文化，构建不敢腐、不能腐、不想腐的长效机制。

第二章　监察机关及其职责

第七条　中华人民共和国国家监察委员会是最高监察机关。

省、自治区、直辖市、自治州、县、自治县、市、市辖区设立监察委员会。

第八条　国家监察委员会由全国人民代表大会产生，负责全国监察工作。

国家监察委员会由主任、副主任若干人、委员若干人组成，主任由全国人民代表大会选举，副主任、委员由国家监察委员会主任提请全国人民代表大会常务委员会任免。

国家监察委员会主任每届任期同全国人民代表大会每届任期相同，连续任职不得超过两届。

国家监察委员会对全国人民代表大会及其常务委员会负责，并接受其监督。

第九条　地方各级监察委员会由本级人民代表大会产生，负责本行政区域内的监察工作。

地方各级监察委员会由主任、副主任若干人、委员若干人组成，主任由本级人民代表大会选举，副主任、委员由监察委员会主任提请本级人民代表大会常务委员会任免。

地方各级监察委员会主任每届任期同本级人民代表大会每届任期相同。

地方各级监察委员会对本级人民代表大会及其常务委员会和上一级监察委员会负责，并接受其监督。

第十条 国家监察委员会领导地方各级监察委员会的工作，上级监察委员会领导下级监察委员会的工作。

第十一条 监察委员会依照本法和有关法律规定履行监督、调查、处置职责：

（一）对公职人员开展廉政教育，对其依法履职、秉公用权、廉洁从政从业以及道德操守情况进行监督检查；

（二）对涉嫌贪污贿赂、滥用职权、玩忽职守、权力寻租、利益输送、徇私舞弊以及浪费国家资财等职务违法和职务犯罪进行调查；

（三）对违法的公职人员依法作出政务处分决定；对履行职责不力、失职失责的领导人员进行问责；对涉嫌职务犯罪的，将调查结果移送人民检察院依法审查、提起公诉；向监察对象所在单位提出监察建议。

第十二条 各级监察委员会可以向本级中国共产党机关、国家机关、法律法规授权或者委托管理公共事务的组织和单位以及所管辖的行政区域、国有企业等派驻或者派出监察机构、监察专员。

监察机构、监察专员对派驻或者派出它的监察委员会负责。

第十三条 派驻或者派出的监察机构、监察专员根据授权，按照管理权限依法对公职人员进行监督，提出监察建议，依法对公职人员进行调查、处置。

第十四条 国家实行监察官制度，依法确定监察官的等级设置、任免、考评和晋升等制度。

第三章 监察范围和管辖

第十五条 监察机关对下列公职人员和有关人员进行监察：

（一）中国共产党机关、人民代表大会及其常务委员会机关、人民政府、监察委员会、人民法院、人民检察院、中国人民政治协商会议各级委员会机关、民主党派机关和工商业联合会机关的公务员，以及参照《中华人民共和国公务员法》管理的人员；

（二）法律、法规授权或者受国家机关依法委托管理公共事务的组织中从事公务的人员；

（三）国有企业管理人员；

（四）公办的教育、科研、文化、医疗卫生、体育等单位中从事管理的人员；

（五）基层群众性自治组织中从事管理的人员；

（六）其他依法履行公职的人员。

第十六条 各级监察机关按照管理权限管辖本辖区内本法第十五条规定的人员所涉监察事项。

上级监察机关可以办理下一级监察机关管辖范围内的监察事项，必要时也可以办理所辖各级监察机关管辖范围内的监察事项。

监察机关之间对监察事项的管辖有争议的，由其共同的上级监察机关确定。

第十七条 上级监察机关可以将其所管辖的监察事项指定下级监察机关管辖，也可以将下级监察机关有管辖权的监察事项指定给其他监察机关管辖。

监察机关认为所管辖的监察事项重大、复杂，需要由上级监察机关管辖的，可以报请上级监察机关管辖。

第四章 监察权限

第十八条 监察机关行使监督、调查职权，有权依法向有关单位和个人了解情况，收集、调取证据。有关单位和个人应当如实提供。

监察机关及其工作人员对监督、调查过程中知悉的国家秘密、商业秘密、个人隐私，应当保密。

任何单位和个人不得伪造、隐匿或者毁灭证据。

第十九条 对可能发生职务违法的监察对象，监察机关按照管理权限，可以直接或者委托有关机关、人员进行谈话或者要求说明情况。

第二十条 在调查过程中，对涉嫌职务违法的被调查人，监察机关可以要求其就涉嫌违法行为作出陈述，必要时向被调查人出具书面通知。

对涉嫌贪污贿赂、失职渎职等职务犯罪的被调查人，监察机关可以进行讯问，要求其如实供述涉嫌犯罪的情况。

第二十一条　在调查过程中，监察机关可以询问证人等人员。

第二十二条　被调查人涉嫌贪污贿赂、失职渎职等严重职务违法或者职务犯罪，监察机关已经掌握其部分违法犯罪事实及证据，仍有重要问题需要进一步调查，并有下列情形之一的，经监察机关依法审批，可以将其留置在特定场所：

（一）涉及案情重大、复杂的；

（二）可能逃跑、自杀的；

（三）可能串供或者伪造、隐匿、毁灭证据的；

（四）可能有其他妨碍调查行为的。

对涉嫌行贿犯罪或者共同职务犯罪的涉案人员，监察机关可以依照前款规定采取留置措施。

留置场所的设置、管理和监督依照国家有关规定执行。

第二十三条　监察机关调查涉嫌贪污贿赂、失职渎职等严重职务违法或者职务犯罪，根据工作需要，可以依照规定查询、冻结涉案单位和个人的存款、汇款、债券、股票、基金份额等财产。有关单位和个人应当配合。

冻结的财产经查明与案件无关的，应当在查明后三日内解除冻结，予以退还。

第二十四条　监察机关可以对涉嫌职务犯罪的被调查人以及可能隐藏被调查人或者犯罪证据的人的身体、物品、住处和其他有关地方进行搜查。在搜查时，应当出示搜查证，并有被搜查人或者其家属等见证人在场。

搜查女性身体，应当由女性工作人员进行。

监察机关进行搜查时，可以根据工作需要提请公安机关配合。公安机关应当依法予以协助。

第二十五条　监察机关在调查过程中，可以调取、查封、扣押用以证明被调查人涉嫌违法犯罪的财物、文件和电子数据等信息。采取调取、查封、扣押措施，应当收集原物原件，会同持有人或者保管人、见证人，当面逐一拍照、登记、编号，开列清单，由在场人员当场核对、签名，并将清单副本交财物、文件的持有人或者保管人。

对调取、查封、扣押的财物、文件，监察机关应当设立专用账户、专门场所，确定专门人员妥善保管，严格履行交接、调取手续，定期对账核实，不得毁损或者用于其他目的。对价值不明物品应当及时鉴定，专门封存保管。

查封、扣押的财物、文件经查明与案件无关的，应当在查明后三日内解除查封、扣押，予以退还。

第二十六条 监察机关在调查过程中，可以直接或者指派、聘请具有专门知识、资格的人员在调查人员主持下进行勘验检查。勘验检查情况应当制作笔录，由参加勘验检查的人员和见证人签名或者盖章。

第二十七条 监察机关在调查过程中，对于案件中的专门性问题，可以指派、聘请有专门知识的人进行鉴定。鉴定人进行鉴定后，应当出具鉴定意见，并且签名。

第二十八条 监察机关调查涉嫌重大贪污贿赂等职务犯罪，根据需要，经过严格的批准手续，可以采取技术调查措施，按照规定交有关机关执行。

批准决定应当明确采取技术调查措施的种类和适用对象，自签发之日起三个月以内有效；对于复杂、疑难案件，期限届满仍有必要继续采取技术调查措施的，经过批准，有效期可以延长，每次不得超过三个月。对于不需要继续采取技术调查措施的，应当及时解除。

第二十九条 依法应当留置的被调查人如果在逃，监察机关可以决定在本行政区域内通缉，由公安机关发布通缉令，追捕归案。通缉范围超出本行政区域的，应当报请有权决定的上级监察机关决定。

第三十条 监察机关为防止被调查人及相关人员逃匿境外，经省级以上监察机关批准，可以对被调查人及相关人员采取限制出境措施，由公安机关依法执行。对于不需要继续采取限制出境措施的，应当及时解除。

第三十一条 涉嫌职务犯罪的被调查人主动认罪认罚，有下列情形之一的，监察机关经领导人员集体研究，并报上一级监察机关批准，可以在移送人民检察院时提出从宽处罚的建议：

（一）自动投案，真诚悔罪悔过的；

（二）积极配合调查工作，如实供述监察机关还未掌握的违法犯罪行为的；

（三）积极退赃，减少损失的；

（四）具有重大立功表现或者案件涉及国家重大利益等情形的。

第三十二条 职务违法犯罪的涉案人员揭发有关被调查人职务违法犯罪行为，查证属实的，或者提供重要线索，有助于调查其他案件的，监察机关经领导人员集体研究，并报上一级监察机关批准，可以在移送人民检察院时提出从宽处罚的建议。

第三十三条 监察机关依照本法规定收集的物证、书证、证人证言、被调查人供述和辩解、视听资料、电子数据等证据材料，在刑事诉讼中可以作为证据使用。

监察机关在收集、固定、审查、运用证据时，应当与刑事审判关于证据的要求和标准相一致。

以非法方法收集的证据应当依法予以排除，不得作为案件处置的依据。

第三十四条 人民法院、人民检察院、公安机关、审计机关等国家机关在工作中发现公职人员涉嫌贪污贿赂、失职渎职等职务违法或者职务犯罪的问题线索，应当移送监察机关，由监察机关依法调查处置。

被调查人既涉嫌严重职务违法或者职务犯罪，又涉嫌其他违法犯罪的，一般应当由监察机关为主调查，其他机关予以协助。

第五章　监察程序

第三十五条 监察机关对于报案或者举报，应当接受并按照有关规定处理。对于不属于本机关管辖的，应当移送主管机关处理。

第三十六条 监察机关应当严格按照程序开展工作，建立问题线索处置、调查、审理各部门相互协调、相互制约的工作机制。

监察机关应当加强对调查、处置工作全过程的监督管理，设立相应的工作部门履行线索管理、监督检查、督促办理、统计分析等管理协调职能。

第三十七条 监察机关对监察对象的问题线索，应当按照有关规定提出处置意见，履行审批手续，进行分类办理。线索处置情况应当定期汇总、通报，定期检查、抽查。

第三十八条 需要采取初步核实方式处置问题线索的，监察机关应当依法履行审批程序，成立核查组。初步核实工作结束后，核查组应当撰写初步核实情况报告，提出处理建议。承办部门应当提出分类处理意见。初步核实情况报告和分类处理意见报监察机关主要负责人审批。

第三十九条 经过初步核实，对监察对象涉嫌职务违法犯罪，需要追究法律责任的，监察机关应当按照规定的权限和程序办理立案手续。

监察机关主要负责人依法批准立案后，应当主持召开专题会议，研究确定调查方案，决定需要采取的调查措施。

立案调查决定应当向被调查人宣布，并通报相关组织。涉嫌严重职务违法或者职务犯罪的，应当通知被调查人家属，并向社会公开发布。

第四十条 监察机关对职务违法和职务犯罪案件，应当进行调查，收集被调查人有无违法犯罪以及情节轻重的证据，查明违法犯罪事实，形成相互印证、完整稳定的证据链。

严禁以威胁、引诱、欺骗及其他非法方式收集证据，严禁侮辱、打骂、虐待、体罚或者变相体罚被调查人和涉案人员。

第四十一条 调查人员采取讯问、询问、留置、搜查、调取、查封、扣押、勘验检查等调查措施，均应当依照规定出示证件，出具书面通知，由二人以上进行，形成笔录、报告等书面材料，并由相关人员签名、盖章。

调查人员进行讯问以及搜查、查封、扣押等重要取证工作，应当对全过程进行录音录像，留存备查。

第四十二条 调查人员应当严格执行调查方案，不得随意扩大调查范围、变更调查对象和事项。

对调查过程中的重要事项，应当集体研究后按程序请示报告。

第四十三条 监察机关采取留置措施，应当由监察机关领导人员集体研究决定。设区的市级以下监察机关采取留置措施，应当报上一级监察机关批准。省级监察机关采取留置措施，应当报国家监察委员会备案。

留置时间不得超过三个月。在特殊情况下，可以延长一次，延长时间不得超过三个月。省级以下监察机关采取留置措施的，延长留置时间应当报上一级监察机关批准。监察机关发现采取留置措施不当的，应当及时解除。

监察机关采取留置措施，可以根据工作需要提请公安机关配合。公安机关应当依法予以协助。

第四十四条 对被调查人采取留置措施后，应当在二十四小时以内，通知被留置人员所在单位和家属，但有可能毁灭、伪造证据，干扰证人作证或者串供等有碍调查情形的除外。有碍调查的情形消失后，应当立即通知被留置人员所在单位和家属。

监察机关应当保障被留置人员的饮食、休息和安全，提供医疗服务。讯问被留置人员应当合理安排讯问时间和时长，讯问笔录由被讯问人阅看后签名。

被留置人员涉嫌犯罪移送司法机关后，被依法判处管制、拘役和有期徒刑的，留置一日折抵管制二日，折抵拘役、有期徒刑一日。

第四十五条　监察机关根据监督、调查结果，依法作出如下处置：

（一）对有职务违法行为但情节较轻的公职人员，按照管理权限，直接或者委托有关机关、人员，进行谈话提醒、批评教育、责令检查，或者予以诫勉；

（二）对违法的公职人员依照法定程序作出警告、记过、记大过、降级、撤职、开除等政务处分决定；

（三）对不履行或者不正确履行职责负有责任的领导人员，按照管理权限对其直接作出问责决定，或者向有权作出问责决定的机关提出问责建议；

（四）对涉嫌职务犯罪的，监察机关经调查认为犯罪事实清楚，证据确实、充分的，制作起诉意见书，连同案卷材料、证据一并移送人民检察院依法审查、提起公诉；

（五）对监察对象所在单位廉政建设和履行职责存在的问题等提出监察建议。

监察机关经调查，对没有证据证明被调查人存在违法犯罪行为的，应当撤销案件，并通知被调查人所在单位。

第四十六条　监察机关经调查，对违法取得的财物，依法予以没收、追缴或者责令退赔；对涉嫌犯罪取得的财物，应当随案移送人民检察院。

第四十七条　对监察机关移送的案件，人民检察院依照《中华人民共和国刑事诉讼法》对被调查人采取强制措施。

人民检察院经审查，认为犯罪事实已经查清，证据确实、充分，依法应当追究刑事责任的，应当作出起诉决定。

人民检察院经审查，认为需要补充核实的，应当退回监察机关补充调查，必要时可以自行补充侦查。对于补充调查的案件，应当在一个月内补充调查完毕。补充调查以二次为限。

人民检察院对于有《中华人民共和国刑事诉讼法》规定的不起诉的情形的，经上一级人民检察院批准，依法作出不起诉的决定。监察机关认为不起诉的决定有错误的，可以向上一级人民检察院提请复议。

第四十八条 监察机关在调查贪污贿赂、失职渎职等职务犯罪案件过程中，被调查人逃匿或者死亡，有必要继续调查的，经省级以上监察机关批准，应当继续调查并作出结论。被调查人逃匿，在通缉一年后不能到案，或者死亡的，由监察机关提请人民检察院依照法定程序，向人民法院提出没收违法所得的申请。

第四十九条 监察对象对监察机关作出的涉及本人的处理决定不服的，可以在收到处理决定之日起一个月内，向作出决定的监察机关申请复审，复审机关应当在一个月内作出复审决定；监察对象对复审决定仍不服的，可以在收到复审决定之日起一个月内，向上一级监察机关申请复核，复核机关应当在二个月内作出复核决定。复审、复核期间，不停止原处理决定的执行。复核机关经审查，认定处理决定有错误的，原处理机关应当及时予以纠正。

第六章 反腐败国际合作

第五十条 国家监察委员会统筹协调与其他国家、地区、国际组织开展的反腐败国际交流、合作，组织反腐败国际条约实施工作。

第五十一条 国家监察委员会组织协调有关方面加强与有关国家、地区、国际组织在反腐败执法、引渡、司法协助、被判刑人的移管、资产追回和信息交流等领域的合作。

第五十二条 国家监察委员会加强对反腐败国际追逃追赃和防逃工作的组织协调，督促有关单位做好相关工作：

（一）对于重大贪污贿赂、失职渎职等职务犯罪案件，被调查人逃匿到国（境）外，掌握证据比较确凿的，通过开展境外追逃合作，追捕归案；

（二）向赃款赃物所在国请求查询、冻结、扣押、没收、追缴、返还涉案资产；

（三）查询、监控涉嫌职务犯罪的公职人员及其相关人员进出国（境）和跨境资金流动情况，在调查案件过程中设置防逃程序。

第七章 对监察机关和监察人员的监督

第五十三条 各级监察委员会应当接受本级人民代表大会及其常务委员会

的监督。

各级人民代表大会常务委员会听取和审议本级监察委员会的专项工作报告，组织执法检查。

县级以上各级人民代表大会及其常务委员会举行会议时，人民代表大会代表或者常务委员会组成人员可以依照法律规定的程序，就监察工作中的有关问题提出询问或者质询。

第五十四条 监察机关应当依法公开监察工作信息，接受民主监督、社会监督、舆论监督。

第五十五条 监察机关通过设立内部专门的监督机构等方式，加强对监察人员执行职务和遵守法律情况的监督，建设忠诚、干净、担当的监察队伍。

第五十六条 监察人员必须模范遵守宪法和法律，忠于职守、秉公执法，清正廉洁、保守秘密；必须具有良好的政治素质，熟悉监察业务，具备运用法律、法规、政策和调查取证等能力，自觉接受监督。

第五十七条 对于监察人员打听案情、过问案件、说情干预的，办理监察事项的监察人员应当及时报告。有关情况应当登记备案。

发现办理监察事项的监察人员未经批准接触被调查人、涉案人员及其特定关系人，或者存在交往情形的，知情人应当及时报告。有关情况应当登记备案。

第五十八条 办理监察事项的监察人员有下列情形之一的，应当自行回避，监察对象、检举人及其他有关人员也有权要求其回避：

（一）是监察对象或者检举人的近亲属的；

（二）担任过本案的证人的；

（三）本人或者其近亲属与办理的监察事项有利害关系的；

（四）有可能影响监察事项公正处理的其他情形的。

第五十九条 监察机关涉密人员离岗离职后，应当遵守脱密期管理规定，严格履行保密义务，不得泄露相关秘密。

监察人员辞职、退休三年内，不得从事与监察和司法工作相关联且可能发生利益冲突的职业。

第六十条 监察机关及其工作人员有下列行为之一的，被调查人及其近亲属有权向该机关申诉：

（一）留置法定期限届满，不予以解除的；

（二）查封、扣押、冻结与案件无关的财物的；

（三）应当解除查封、扣押、冻结措施而不解除的；

（四）贪污、挪用、私分、调换以及违反规定使用查封、扣押、冻结的财物的；

（五）其他违反法律法规、侵害被调查人合法权益的行为。

受理申诉的监察机关应当在受理申诉之日起一个月内作出处理决定。申诉人对处理决定不服的，可以在收到处理决定之日起一个月内向上一级监察机关申请复查，上一级监察机关应当在收到复查申请之日起二个月内作出处理决定，情况属实的，及时予以纠正。

第六十一条 对调查工作结束后发现立案依据不充分或者失实，案件处置出现重大失误，监察人员严重违法的，应当追究负有责任的领导人员和直接责任人员的责任。

第八章 法律责任

第六十二条 有关单位拒不执行监察机关作出的处理决定，或者无正当理由拒不采纳监察建议的，由其主管部门、上级机关责令改正，对单位给予通报批评；对负有责任的领导人员和直接责任人员依法给予处理。

第六十三条 有关人员违反本法规定，有下列行为之一的，由其所在单位、主管部门、上级机关或者监察机关责令改正，依法给予处理：

（一）不按要求提供有关材料，拒绝、阻碍调查措施实施等拒不配合监察机关调查的；

（二）提供虚假情况，掩盖事实真相的；

（三）串供或者伪造、隐匿、毁灭证据的；

（四）阻止他人揭发检举、提供证据的；

（五）其他违反本法规定的行为，情节严重的。

第六十四条 监察对象对控告人、检举人、证人或者监察人员进行报复陷害的；控告人、检举人、证人捏造事实诬告陷害监察对象的，依法给予处理。

第六十五条 监察机关及其工作人员有下列行为之一的，对负有责任的领导人员和直接责任人员依法给予处理：

（一）未经批准、授权处置问题线索，发现重大案情隐瞒不报，或者私自留存、处理涉案材料的；

（二）利用职权或者职务上的影响干预调查工作、以案谋私的；

（三）违法窃取、泄露调查工作信息，或者泄露举报事项、举报受理情况以及举报人信息的；

（四）对被调查人或者涉案人员逼供、诱供，或者侮辱、打骂、虐待、体罚或者变相体罚的；

（五）违反规定处置查封、扣押、冻结的财物的；

（六）违反规定发生办案安全事故，或者发生安全事故后隐瞒不报、报告失实、处置不当的；

（七）违反规定采取留置措施的；

（八）违反规定限制他人出境，或者不按规定解除出境限制的；

（九）其他滥用职权、玩忽职守、徇私舞弊的行为。

第六十六条 违反本法规定，构成犯罪的，依法追究刑事责任。

第六十七条 监察机关及其工作人员行使职权，侵犯公民、法人和其他组织的合法权益造成损害的，依法给予国家赔偿。

第九章 附 则

第六十八条 中国人民解放军和中国人民武装警察部队开展监察工作，由中央军事委员会根据本法制定具体规定。

第六十九条 本法自公布之日起施行。《中华人民共和国行政监察法》同时废止。

深刻认识监察法的重大意义
准确把握科学内涵

——中央纪委法规室相关负责人解读《中华人民共和国监察法》

问：应该如何理解监察法关于“坚持中国共产党对国家监察工作的领导”？

答：国家监察体制改革和制定监察法是党中央作出的重大决策部署，是我国政治制度、法律制度建设中的一件大事，具有里程碑的意义。制定监察法的根本目的是坚持和加强党对反腐败工作集中统一领导，使党的主张通过法定程序成为国家意志，以法治思维和法治方式惩治腐败。

党的十八大以来，习近平总书记作为党中央的核心、全党的核心，作为党和国家的领航人，从理论和实践回答了新时代坚持和发展什么样的中国特色社会主义、怎样坚持和发展中国特色社会主义，创立了习近平新时代中国特色社会主义思想。习近平新时代中国特色社会主义思想的一个根本性内容，就是中国特色社会主义最本质的特征是中国共产党领导，中国特色社会主义制度的最大优势是中国共产党领导，党是最高政治领导力量，是领导一切的。

习近平总书记指出，坚持和加强党的全面领导，关系党和国家前途命运，我们的全部事业都建立在这个基础上，都根植于这个最本质的特征和最大的优势，强调坚持党的领导是方向性问题，必须旗帜鲜明、立场坚定，决不能羞羞答答、语焉不详，决不能遮遮掩掩、搞自我麻痹。这次宪法修改坚决贯彻落实习近平总书记的新思想，在总纲第一条中旗帜鲜明地规定“中国共产党领导是中国特色社会主义最本质的特征”。

反腐败工作，监督调查处置的对象是党员干部、公职人员。在我们国家，党管干部是一条重要政治原则。党不仅管干部的培养提拔使用，还要对干部进行教育管理监督，对违纪违法的作出处理。监察委员会作为专门的反腐败工作机构，与党的纪律检查机关合署办公，对党员干部、公职人员进行监督，对违纪的进行查处，对涉嫌违法犯罪的进行调查，这是坚持党管干部原则、加强党的领导的重要体现。

问：如何构建“集中统一、权威高效的中国特色国家监察体制”？

答：制定监察法把党对反腐败工作的集中统一领导机制固定下来，着力解决反腐败斗争中存在的力量分散、行政监察范围过窄、纪法衔接不畅，一些地方查办职务犯罪案件“先移后处”“先法后纪”、甚至出现的“带着党籍蹲监狱”等突出问题。通过整合行政监察、预防腐败和检察机关查处贪污贿赂、失职渎职及预防职务犯罪等工作力量，设立国家、省、市、县监察委员会，同党的纪律检查机关合署办公，对党中央或地方党委全面负责，形成监督合力、增强监督实效，构建起集中统一、权威高效的国家监察体系，把制度优势转化为治理效能，确保党和人民赋予的权力真正用来为人民谋利益。

问：如何理解监察法规定的“推进国家治理体系和治理能力现代化”这一立法目的？

答：我们党是执政党，掌握国家的权力，领导一切。实现对公权力的有效监督，提高拒腐防变和抵御风险能力，是我们党必须解决的重大课题。习近平总书记指出，我们党全面领导、长期执政，面临的最大挑战是对权力的监督。全面从严治党和党领导下的反腐败是一场自我革命，关乎党和国家事业的成败，关乎我们能不能跳出历史周期率。

从历史上看，我国从秦朝开始确立监察御史制度，经过两千多年的发展，逐步形成了一套自上而下的独立于行政和司法的监察体系，这与西方“三权分立”模式下的监察隶属于立法机构或行政机构完全不同。历史文化传统决定道路选择。我们要坚定“四个自信”，保持战略定力，立足党情、国情，不走西方“三权分立”的道路。我们党全面领导、长期执政，党和国家治理体系包括两个方面：一是依规治党，依据党章党规党纪管党治党建设党；二是依法治国，依据宪法法律法规治国理政。

我国80%的公务员、95%以上的领导干部是共产党员，党内监督和国家监察既具有高度内在一致性，又具有高度互补性，都是中国特色治理体系的重要组成部分。目前党内监督已经实现全覆盖，而行政监察主要限于对行政机关及其工作人员的监督，覆盖面窄；检察院主要是侦办国家工作人员职务犯罪，不管职务违法行为。制定监察法，就是要通过制度设计补上过去监督存在的短板，实现对所有行使公权力的公职人员监察全覆盖，真正把所有公权力都关进制度笼子，体现依规治党与依法治国、党内监督与国家监察有机统一，不断强化党和国家的监督效能，探索出一条党长期执政条件下实现自我净化的有效路径，推进治理体系和治理能力现代化。

问：监察法关于监察工作指导思想的亮点是什么？

答：监察法是继宪法之后，又一部将习近平新时代中国特色社会主义思想写入其中的法律。习近平总书记对监察法立法方向、思路、原则和重大制度安排等提出明确要求，指出监察委员会就是反腐败工作机构，监察法就是反腐败国家立法，要建立监督全覆盖的国家监察体系，对所有公职人员行使公权力情况进行监督，促进国家公职人员依法履职、秉公用权。总书记关于监察体制改革的一系列思想和论述，是习近平新时代中国特色社会主义思想的重要组成部分，是监察法的魂和纲，是我们做好国家监察工作的思想武器和行动指南。监察法把习近平新时代中国特色社会主义思想作为国家监察工作的指导思想，有其特殊的政治意义。在这一问题上，必须旗帜鲜明、立场坚定，践行“四个意识”，彰显“四个自信”。

问：如何理解“各级监察委员会是行使国家监察职能的专责机关”的规定？

答：这次宪法修改的一个重要内容是在国家机构中增加国家监察委员会，从顶层设计上对国家权力进行制度调整，形成“一府一委两院”。宪法规定“中华人民共和国各级监察委员会是国家的监察机关”，明确了监委的性质和地位。习近平总书记指出，监察委员会实质上是反腐败工作机构。监委作为行使国家监察职能的专责机关，与党的纪律检查机关合署办公，是实现党和国家自我监督的政治机关，不是行政机关、司法机关。党的十八大后，党的纪律检查工作实现了纪严于法、纪在法前的转化，填补了“好同志”和“阶下囚”之间党内监督空间。而国家监察体制改革，则是以法律为尺子，全面填补国家监督的空白。监委依法行使的监察权，不是行政监察、反贪反渎、预防腐败职能的简单叠加，而是在党直接领导下，代表党和国家对所有行使公权力的公职人员进行监督，可以说依托纪检、拓展监察、衔接司法。这实际上是新的拓展、新的开创，实现“一加一大于二”“等于三”，监督对象和内容多出了一块，有新内容，是新创举。

在审议监察法草案过程中，有同志提出监察委员会的名称是否加“人民”二字。一个重要理由就是，毛泽东同志1948年曾经强调，要在政权机关名称上加“人民”二字。毛主席当年强调这一点，主要目的是与蒋介石政权相区别。新中国成立已近70年，国家政权机关的人民性已经深入人心。纪委与监委合署办公，监委不设党组、不决定人事等重大问题，本质上就是党的工作机构，充分体现党性和人民性的高度统一。

问：监察机关如何产生，上下级监察机关的关系如何？

答：人民代表大会制度是我国根本政治制度。各级人民代表大会是国家权力机关，其他一切国家机关都由人民代表大会产生。监察委员会由同级人大产生，对它负责、受其监督。

根据监察法的规定，我国监察机关共分四级，中华人民共和国国家监察委员会是最高监察机关，负责全国监察工作。省、自治区、直辖市、自治州、县、自治县、市、市辖区设立监察委员会，负责本行政区域内的监察工作。乡镇不设监委。将来监委可以在乡镇设派驻机构。国家监察委员会领导地方各级监察委员会的工作，上级监察委员会领导下级监察委员会的工作，体现党中央关于纪检监察机关实行双重领导的要求。

监察委员会由主任、副主任若干人、委员若干人组成，主任由本级人民代表大会选举，副主任、委员由监察委员会主任提请本级人民代表大会常务委员会任免。监察委员会主任每届任期同本级人大任期相同。

问：为什么说监察法不同于刑事诉讼法？

答：这次监察法采取了综合立法的方式，规定的内容，既有实体性的，也有程序性的，还有组织法的特点，而《刑法》和《刑事诉讼法》则是实体和程序分开立法。从职能定位上看，监察法是反腐败国家立法的重要组成部分。从目标任务看，监察法是为了加强对行使公权力的公职人员的监督，防止权力受到腐蚀，防止脱离人民群众，完善党和国家的自我监督体制，探索出一条实现自我净化的有效路径，为我们跳出历史周期率提供有力制度保障。刑事诉讼法则是为了保证刑法实施，保证准确、及时查明犯罪事实，惩罚犯罪分子，保护公民的人身权利和财产权利。

监察法更侧重对权力行使的全过程监管，包括教育、管理、监督，刑事诉讼法重点是惩罚和打击犯罪。监察机关调查对象是行使公权力的公职人员，而不是普通的刑事犯罪嫌疑人；调查内容是职务违法和职务犯罪行为，而不是一般刑事犯罪行为；行使的权力是调查权，而不是刑事侦查权，调查权的行使主体是与纪委合署办公的监察委员会，在行使权限时，重要事项由同级党委批准。监察委员会既要负责日常监督，调查违纪违法犯罪行为，更要开展严肃的思想政治工作，剖析思想根源，把干部拉回到正确的轨道上来，惩前毖后、治病救人。

问：监察法规定监察机关有哪些主要职责？

答：监察法根据国家监察体制改革方案，聚焦反腐败职能定位，在第十一条规定了监委依法履行监督、调查、处置职责。

在法律中明确监察机关的职责，有利于明确监察机关的任务和责任，使监察机关履职尽责于法有据。监察法从正面对监督内容作出规定，既包括廉政教育，也包括依法履职、秉公用权、廉洁从政从业以及道德操守情况，体现监督内容的包容性。调查聚焦的是涉嫌贪污贿赂、滥用职权、玩忽职守、权力寻租、利益输送、徇私舞弊以及浪费国家资财等七类职务违法和职务犯罪行为。通过具体列举的方式，从对直接与反腐败密切相关的行为作出规定，体现调查工作的针对性和操作性。关于处置，监察法规定对违法的公职人员可以依法给予政务处分；对履行职责不力、失职失责的领导人员可以问责；对涉嫌职务犯罪的，将调查结果移送人民检察院，依法审查、提起公诉；对监察对象所在单位可以提出监察建议。

需要注意的是，有的同志存在一种模糊认识，认为监委的主要职能是调查，是针对“第四种形态”，没有全面理解监委的监督、调查、处置职能的内涵。监察委员会有很重要的监督职责，这个监督体现在代表党和国家，依照宪法、监察法和有关法律法规，监督所有公职人员行使公权力的行为是否正确，以确保权力不被滥用、确保权力在阳光下运行，把权力关进制度的笼子。在纪委监委合署办公条件下，纪委的监督、执纪、问责与监委的监督、调查、处置是对应的，既有区别又有一致性，在指导思想、基本原则上是高度一致的，目的都是为了惩前毖后、治病救人，抓早抓小、动辄则咎，防止党员干部和公职人员要么是好同志、要么是阶下囚。所以，大家一定要准确把握、高度重视监委的日常监督职责，把纪委监督与监委监督贯通起来。

另外，监察机关履行职责不替代主管机关、主管单位的主体责任，对于违反公务员法和其他有关规定的行为，主管机关和单位可以作出处分决定，但不称为政务处分。

问：监察法规定的监察对象有哪些?

答：监察法第三章规定了监察对象的范围，将中央深化国家监察体制改革方案关于监察全覆盖的部署，用法律的形式固定下来，实现对行使公权力公职人员的全面监督，解决以前行政监察对象范围过窄的问题。

监察机关监察的对象是人，而不是机关。主要包括六类人员：中国共产党机关、人民代表大会及其常务委员会机关、人民政府、监察委员会、人民法院、人民检察院、中国人民政治协商会议各级委员会机关、民主党派机关和工商业联合会机关的公务员，及参照《中华人民共和国公务员法》管理的人员；法律、法规授权或者受国家机关依法委托管理公共事务的组织中从事公务的人员；国有企业管理人员；公办的教育、科研、文化、医疗卫生、体育等单位中从事管理的人员；基层群众性自治组织中从事管理的人员；其他依法履行公职的人员。

在我国，党是领导一切的，所有行使公权力的国家机关都属于“广义政府”范畴。在人民群众眼里，无论人大、政协，还是“一府两院”，都代表党和政府，都要践行全心全意为人民服务的根本宗旨。监察法确定的监察对象，符合我国的政治体制和文化特征，体现监察工作的针对性和操作性。将群众自治组织管理人员纳入监察范围，这是反腐败向基层延伸、解决群众身边的腐败问题的重要举措。

问：监察法规定监察机关有哪些权限?

答：赋予监察委员会权限和调查手段，目的是为了保证各级监察机关履行好监督、调查、处置职责，有利于监察工作规范化、法治化，保证监察工作的顺利进行。监察法规定了监察权限的种类、使用主体、适用对象、适用条件、审批权限和程序等。其中谈话、讯问、询问、查询、冻结、调取、查封、扣押、搜查、勘验检查、鉴定、留置等12项措施由监察机关决定和实施。技术调查、限制出境、通缉等措施，由监察委员会审批、交由公安机关等其他机关实施。这些措施权限与监察机关承担的职责任务相匹配，没有超出以前行政监察机关和检察院反贪部门使用的措施。一是将行政监察法规定的查询、复制、冻结、扣留、封存等措施，完善为查询、冻结、搜查、调取、查封、扣押、勘验检查、鉴定等。二是将实践中运用的谈话、询问等措施确定为法定权限。三是监察机关在调查涉嫌贪污贿赂、失职渎职等严重职务违法或者职务犯罪过程中，对已掌握其部分违法犯罪事实及证据，仍有重要问题需要进一步调查的被调查人，经依法审批可以将其留置在特定场所进行调查。四是对需要采取技术调查、通缉、限制出境等措施的，经过严格的批准手续，交有关机关执行。

这里重点说明一下留置措施。党的十九大提出，制定国家监察法，依法赋予监察委员会职责权限和调查手段，用留置取代“两规”措施，将“两规”纳入法治化轨道，实现“法治化”。这是一项重要的制度创新，是法治建设的重大进步，是以法治思维和法治方式反对腐败的重要体现。监察法对留置的使用条件、审批程序、场所、期限都作出了相应规定。明确监察机关采取留置措施，应当集体研究决定；设区的市级以下监察机关采取留置措施，应当报上一级监察机关批准；省级监察机关采取留置措施，应当报国家监察委员会备案。留置时间不得超过三个月，在特殊情况下，可以延长一次，延长时间不得超过三个月，留置比侦查羁押的期限大大缩短。省级以下监察机关采取留置措施的，延长留置时间应当报上一级监察机关批准。监察机关发现采取留置措施不当的，应当及时解除。对被调查人采取留置措施后，应当在二十四小时以内，通知被留置人员所在单位和家属。监察机关应当保障被留置人员的饮食、休息和安全，提供医疗服务。

问：监察法关于调查措施适用范围有什么要求？

答：监察法根据调查工作的实际需要，针对不同的情况规定相应的调查措施。对可能发生职务违法的，也就是苗头性、倾向性问题的，可以进行提醒谈话；对涉嫌职务违法的被调查人，监察机关可以要求其就涉嫌违法行为作出陈述。对涉嫌贪污贿赂、失职渎职等严重职务违法或者职务犯罪的，可以采取留置措施，可以查询、冻结存款股票，可以查封、扣押违法犯罪财物等；对涉嫌职务犯罪的，可以搜查被调查人的身体、物品、住处；对涉嫌重大贪污贿赂等职务犯罪的，经批准可以采取技术调查措施；对于依法应当留置的被调查人如果在逃的，可以通缉；为防止被调查人及相关人员逃匿境外的，可以采取限制出境措施。

监察机关要严格按照监察法规定的条件、情形、审批程序、期限、工作要求等适用调查措施。

问：监察法对监察机关行使权力有哪些要求？

答：监察法设专章规定了监察程序，明确监察机关在行使职权、履行职责过程中所应遵循的方式和步骤，目的是为了监督和约束监察机关及其工作人员权力的行使，确保监察机关正确、及时、有序、有效地行使职权、履行职责，保障被调查人的合法权益。

监察法第五章规定了受理举报、线索处置、初核、立案调查和移送起诉等环节的程序要求，规定监察机关应当严格按照程序开展工作，建立问题线索处置、调查、审理各部门相互协调、相互制约的内部工作机制。要求加强对调查、处置工作全过程的监督管理，设立相应的工作部门履行线索管理、监督检查、督促办理、统计分析等管理协调职能。对监察对象涉嫌职务违法犯罪，需要追究法律责任的，监察机关应当按照规定的权限和程序办理立案手续。监察机关在调查职务违法和职务犯罪案件过程中，应当查明违法犯罪事实，形成相互印证、完整稳定的证据链。严禁以威胁、引诱、欺骗及其他非法方式收集证据，严禁侮辱、打骂、虐待、体罚或者变相体罚被调查人和涉案人员。调查要出示证件，由二人以上进行。讯问以及搜查、查封、扣押等重要取证工作，应当对全过程进行录音录像。

问：如何加强对监察机关和监察人员的监督？

答：如何监督监察委员会，是社会广泛关注的问题。以习近平同志为核心的党中央对此也高度关注，习近平总书记在多次讲话中提出明确要求，反复强调信任不能代替监督，监督无禁区，任何权力都要受到监督，指出纪检监察队伍责任很重，是监督别人的，更要受到严格的监督；监督是为了支撑信任。要求监察机关必须以更高的标准、更严的纪律要求自己，努力建设忠诚干净担当的监察队伍，防止出现“灯下黑”。

在合署办公体制下，第一位的监督是党委监督。各级党委对监察委员会的监督是最有效的监督。党政军民学，东西南北中，党是领导一切的。党的领导本身就包含教育管理和监督。纪委监委在党委领导下开展工作，党委就要加强对纪委监委的管理和监督。

监察法认真贯彻习近平总书记的要求，在第七章从两个方面做了规定，一是规定了人大监督、司法监督、民主监督、社会监督、舆论监督等外部监督；二是规定了内部监督制度。

关于人大监督。监察法第五十三条规定各级监察委员会应当接受本级人民代表大会及其常务委员会的监督。各级人民代表大会常务委员会听取和审议本级监察委员会的专项工作报告，组织执法检查。县级以上各级人民代表大会及其常务委员会举行会议时，人民代表大会代表或者常务委员会组成人员，可以依照法律规定的程序就监察工作中的有关问题提出询问或者质询。这些规定，既考虑了监委工作的特殊性，也考虑了人大监督的实效性，能够实现人大对监察委员会的有效监督。

关于检察机关的监督。对涉嫌职务犯罪的，监察机关经调查认为犯罪事实清楚，证据确实、充分的，移送人民检察院，依法审查、提起公诉。检察机关审查后，可以退回补充调查，可以作出起诉或者不予起诉的决定，体现检察机关对监察机关的监督制约。

关于自我监督。打铁必须自身硬。监察法从第五十五条到第六十一条规定了严格的内部监督机制：一是设立内部专门的监督机构；二是打听案情、过问案件、说情干预登记备案制度；三是办理监察事项回避制度；四是离岗离职从业限制制度；五是对监察机关及其工作人员不当行为的申诉制度；六是案件处置重大失误责任追究制度等。

广大人民群众可以通过多种渠道对监察委员会进行监督。各级监察委员会来自人民、植根人民、服务人民，必须依法接受人民群众的监督。监察法第五十四条规定，监察机关应当依法公开监察工作信息，接受民主监督、社会监督、舆论监督。对监察机关及其工作人员的履职行为，人民群众可以依法通过检举控告、申诉等方式监督。

深化国家监察体制改革和制定监察法，是以习近平同志为核心的党中央从党情和国情出发作出的重大决策部署。监察委员会作为反腐败的专责机关，与中央纪委合署办公，在党的统一领导下履行反腐败职责，对行使公权力的公职人员进行监察。这是习近平总书记和党中央以及全国人民对纪检监察系统的信任和重托。我们一定要按照习近平总书记的要求，行使权力慎之又慎，自我约束严之又严，不断增强本领，练就绝世武功，切实履职尽责，不辜负党和人民的信任和重托，确保惩恶扬善的利剑永不蒙尘。

[行政法规、法规性文件与解读]

国务院

快递暂行条例

(2018 年 2 月 7 日国务院第 198 次常务会议通过
2018 年 3 月 2 日中华人民共和国国务院令第 697 号公布
自 2018 年 5 月 1 日起施行)

第一章　总　则

第一条　为促进快递业健康发展，保障快递安全，保护快递用户合法权益，加强对快递业的监督管理，根据《中华人民共和国邮政法》和其他有关法律，制定本条例。

第二条　在中华人民共和国境内从事快递业务经营、接受快递服务以及对快递业实施监督管理，适用本条例。

第三条　地方各级人民政府应当创造良好的快递业营商环境，支持经营快递业务的企业创新商业模式和服务方式，引导经营快递业务的企业加强服务质量管理、健全规章制度、完善安全保障措施，为用户提供迅速、准确、安全、方便的快递服务。

地方各级人民政府应当确保政府相关行为符合公平竞争要求和相关法律法规，维护快递业竞争秩序，不得出台违反公平竞争、可能造成地区封锁和行业垄断的政策措施。

第四条　任何单位或者个人不得利用信件、包裹、印刷品以及其他寄递物品（以下统称快件）从事危害国家安全、社会公共利益或者他人合法权益的活动。

除有关部门依照法律对快件进行检查外，任何单位或者个人不得非法检查他人快件。任何单位或者个人不得私自开拆、隐匿、毁弃、倒卖他人快件。

第五条 国务院邮政管理部门负责对全国快递业实施监督管理。国务院公安、国家安全、海关、工商行政管理、出入境检验检疫等有关部门在各自职责范围内负责相关的快递监督管理工作。

省、自治区、直辖市邮政管理机构和按照国务院规定设立的省级以下邮政管理机构负责对本辖区的快递业实施监督管理。县级以上地方人民政府有关部门在各自职责范围内负责相关的快递监督管理工作。

第六条 国务院邮政管理部门和省、自治区、直辖市邮政管理机构以及省级以下邮政管理机构（以下统称邮政管理部门）应当与公安、国家安全、海关、工商行政管理、出入境检验检疫等有关部门相互配合，建立健全快递安全监管机制，加强对快递业安全运行的监测预警，收集、共享与快递业安全运行有关的信息，依法处理影响快递业安全运行的事件。

第七条 依法成立的快递行业组织应当保护企业合法权益，加强行业自律，促进企业守法、诚信、安全经营，督促企业落实安全生产主体责任，引导企业不断提高快递服务质量和水平。

第八条 国家加强快递业诚信体系建设，建立健全快递业信用记录、信息公开、信用评价制度，依法实施联合惩戒措施，提高快递业信用水平。

第九条 国家鼓励经营快递业务的企业和寄件人使用可降解、可重复利用的环保包装材料，鼓励经营快递业务的企业采取措施回收快件包装材料，实现包装材料的减量化利用和再利用。

第二章　发展保障

第十条 国务院邮政管理部门应当制定快递业发展规划，促进快递业健康发展。

县级以上地方人民政府应当将快递业发展纳入本级国民经济和社会发展规划，在城乡规划和土地利用总体规划中统筹考虑快件大型集散、分拣等基础设施用地的需要。

县级以上地方人民政府建立健全促进快递业健康发展的政策措施，完善相关配套规定，依法保障经营快递业务的企业及其从业人员的合法权益。

第十一条 国家支持和鼓励经营快递业务的企业在农村、偏远地区发展快递服务网络，完善快递末端网点布局。

第十二条 国家鼓励和引导经营快递业务的企业采用先进技术，促进自动化分拣设备、机械化装卸设备、智能末端服务设施、快递电子运单以及快件信息化管理系统等的推广应用。

第十三条 县级以上地方人民政府公安、交通运输等部门和邮政管理部门应当加强协调配合，建立健全快递运输保障机制，依法保障快递服务车辆通行和临时停靠的权利，不得禁止快递服务车辆依法通行。

邮政管理部门会同县级以上地方人民政府公安等部门，依法规范快递服务车辆的管理和使用，对快递专用电动三轮车的行驶时速、装载质量等作出规定，并对快递服务车辆加强统一编号和标识管理。经营快递业务的企业应当对其从业人员加强道路交通安全培训。

快递从业人员应当遵守道路交通安全法律法规的规定，按照操作规范安全、文明驾驶车辆。快递从业人员因执行工作任务造成他人损害的，由快递从业人员所属的经营快递业务的企业依照民事侵权责任相关法律的规定承担侵权责任。

第十四条 企业事业单位、住宅小区管理单位应当根据实际情况，采取与经营快递业务的企业签订合同、设置快件收寄投递专门场所等方式，为开展快递服务提供必要的便利。鼓励多个经营快递业务的企业共享末端服务设施，为用户提供便捷的快递末端服务。

第十五条 国家鼓励快递业与制造业、农业、商贸业等行业建立协同发展机制，推动快递业与电子商务融合发展，加强信息沟通，共享设施和网络资源。

国家引导和推动快递业与铁路、公路、水路、民航等行业的标准对接，支持在大型车站、码头、机场等交通枢纽配套建设快件运输通道和接驳场所。

第十六条 国家鼓励经营快递业务的企业依法开展进出境快递业务，支持在重点口岸建设进出境快件处理中心、在境外依法开办快递服务机构并设置快件处理场所。

海关、出入境检验检疫、邮政管理等部门应当建立协作机制，完善进出境快件管理，推动实现快件便捷通关。

第三章　经营主体

第十七条　经营快递业务，应当依法取得快递业务经营许可。邮政管理部门应当根据《中华人民共和国邮政法》第五十二条、第五十三条规定的条件和程序核定经营许可的业务范围和地域范围，向社会公布取得快递业务经营许可的企业名单，并及时更新。

第十八条　经营快递业务的企业及其分支机构可以根据业务需要开办快递末端网点，并应当自开办之日起20日内向所在地邮政管理部门备案。快递末端网点无需办理营业执照。

第十九条　两个以上经营快递业务的企业可以使用统一的商标、字号或者快递运单经营快递业务。

前款规定的经营快递业务的企业应当签订书面协议明确各自的权利义务，遵守共同的服务约定，在服务质量、安全保障、业务流程等方面实行统一管理，为用户提供统一的快件跟踪查询和投诉处理服务。

用户的合法权益因快件延误、丢失、损毁或者内件短少而受到损害的，用户可以要求该商标、字号或者快递运单所属企业赔偿，也可以要求实际提供快递服务的企业赔偿。

第二十条　经营快递业务的企业应当依法保护其从业人员的合法权益。

经营快递业务的企业应当对其从业人员加强职业操守、服务规范、作业规范、安全生产、车辆安全驾驶等方面的教育和培训。

第四章　快递服务

第二十一条　经营快递业务的企业在寄件人填写快递运单前，应当提醒其阅读快递服务合同条款、遵守禁止寄递和限制寄递物品的有关规定，告知相关保价规则和保险服务项目。

寄件人交寄贵重物品的，应当事先声明；经营快递业务的企业可以要求寄件人对贵重物品予以保价。

第二十二条　寄件人交寄快件，应当如实提供以下事项：

（一）寄件人姓名、地址、联系电话；

（二）收件人姓名（名称）、地址、联系电话；

（三）寄递物品的名称、性质、数量。

除信件和已签订安全协议用户交寄的快件外，经营快递业务的企业收寄快件，应当对寄件人身份进行查验，并登记身份信息，但不得在快递运单上记录除姓名（名称）、地址、联系电话以外的用户身份信息。寄件人拒绝提供身份信息或者提供身份信息不实的，经营快递业务的企业不得收寄。

第二十三条 国家鼓励经营快递业务的企业在节假日期间根据业务量变化实际情况，为用户提供正常的快递服务。

第二十四条 经营快递业务的企业应当规范操作，防止造成快件损毁。

法律法规对食品、药品等特定物品的运输有特殊规定的，寄件人、经营快递业务的企业应当遵守相关规定。

第二十五条 经营快递业务的企业应当将快件投递到约定的收件地址、收件人或者收件人指定的代收人，并告知收件人或者代收人当面验收。收件人或者代收人有权当面验收。

第二十六条 快件无法投递的，经营快递业务的企业应当退回寄件人或者根据寄件人的要求进行处理；属于进出境快件的，经营快递业务的企业应当依法办理海关和检验检疫手续。

快件无法投递又无法退回的，依照下列规定处理：

（一）属于信件，自确认无法退回之日起超过6个月无人认领的，由经营快递业务的企业在所在地邮政管理部门的监督下销毁；

（二）属于信件以外其他快件的，经营快递业务的企业应当登记，并按照国务院邮政管理部门的规定处理；

（三）属于进境快件的，交由海关依法处理；其中有依法应当实施检疫的物品的，由出入境检验检疫部门依法处理。

第二十七条 快件延误、丢失、损毁或者内件短少的，对保价的快件，应当按照经营快递业务的企业与寄件人约定的保价规则确定赔偿责任；对未保价的快件，依照民事法律的有关规定确定赔偿责任。

国家鼓励保险公司开发快件损失赔偿责任险种，鼓励经营快递业务的企业投保。

第二十八条 经营快递业务的企业应当实行快件寄递全程信息化管理，公布联系方式，保证与用户的联络畅通，向用户提供业务咨询、快件查询等服务。用户对快递服务质量不满意的，可以向经营快递业务的企业投诉，经营快递业务的企业应当自接到投诉之日起7日内予以处理并告知用户。

第二十九条 经营快递业务的企业停止经营的，应当提前10日向社会公告，书面告知邮政管理部门，交回快递业务经营许可证，并依法妥善处理尚未投递的快件。

经营快递业务的企业或者其分支机构因不可抗力或者其他特殊原因暂停快递服务的，应当及时向邮政管理部门报告，向社会公告暂停服务的原因和期限，并依法妥善处理尚未投递的快件。

第五章 快递安全

第三十条 寄件人交寄快件和经营快递业务的企业收寄快件应当遵守《中华人民共和国邮政法》第二十四条关于禁止寄递或者限制寄递物品的规定。

禁止寄递物品的目录及管理办法，由国务院邮政管理部门会同国务院有关部门制定并公布。

第三十一条 经营快递业务的企业收寄快件，应当依照《中华人民共和国邮政法》的规定验视内件，并作出验视标识。寄件人拒绝验视的，经营快递业务的企业不得收寄。

经营快递业务的企业受寄件人委托，长期、批量提供快递服务的，应当与寄件人签订安全协议，明确双方的安全保障义务。

第三十二条 经营快递业务的企业可以自行或者委托第三方企业对快件进行安全检查，并对经过安全检查的快件作出安全检查标识。经营快递业务的企业委托第三方企业对快件进行安全检查的，不免除委托方对快件安全承担的责任。

经营快递业务的企业或者接受委托的第三方企业应当使用符合强制性国家标准的安全检查设备，并加强对安全检查人员的背景审查和技术培训；经营快递业务的企业或者接受委托的第三方企业对安全检查人员进行背景审查，公安机关等相关部门应当予以配合。

第三十三条 经营快递业务的企业发现寄件人交寄禁止寄递物品的，应当拒绝收寄；发现已经收寄的快件中有疑似禁止寄递物品的，应当立即停止分拣、运输、投递。对快件中依法应当没收、销毁或者可能涉及违法犯罪的物品，经营快递业务的企业应当立即向有关部门报告并配合调查处理；对其他禁止寄递物品以及限制寄递物品，经营快递业务的企业应当按照法律、行政法规或者国务院和国务院有关主管部门的规定处理。

第三十四条 经营快递业务的企业应当建立快递运单及电子数据管理制度，妥善保管用户信息等电子数据，定期销毁快递运单，采取有效技术手段保证用户信息安全。具体办法由国务院邮政管理部门会同国务院有关部门制定。

经营快递业务的企业及其从业人员不得出售、泄露或者非法提供快递服务过程中知悉的用户信息。发生或者可能发生用户信息泄露的，经营快递业务的企业应当立即采取补救措施，并向所在地邮政管理部门报告。

第三十五条 经营快递业务的企业应当依法建立健全安全生产责任制，确保快递服务安全。

经营快递业务的企业应当依法制定突发事件应急预案，定期开展突发事件应急演练；发生突发事件的，应当按照应急预案及时、妥善处理，并立即向所在地邮政管理部门报告。

第六章 监督检查

第三十六条 邮政管理部门应当加强对快递业的监督检查。监督检查应当以下列事项为重点：

（一）从事快递活动的企业是否依法取得快递业务经营许可；

（二）经营快递业务的企业的安全管理制度是否健全并有效实施；

（三）经营快递业务的企业是否妥善处理用户的投诉、保护用户合法权益。

第三十七条 邮政管理部门应当建立和完善以随机抽查为重点的日常监督检查制度，公布抽查事项目录，明确抽查的依据、频次、方式、内容和程序，随机抽取被检查企业，随机选派检查人员。抽查情况和查处结果应当及时向社会公布。

邮政管理部门应当充分利用计算机网络等先进技术手段，加强对快递业务活动的日常监督检查，提高快递业管理水平。

第三十八条 邮政管理部门依法履行职责，有权采取《中华人民共和国邮政法》第六十一条规定的监督检查措施。邮政管理部门实施现场检查，有权查阅经营快递业务的企业管理快递业务的电子数据。

国家安全机关、公安机关为维护国家安全和侦查犯罪活动的需要依法开展执法活动，经营快递业务的企业应当提供技术支持和协助。

《中华人民共和国邮政法》第十一条规定的处理场所，包括快件处理场地、设施、设备。

第三十九条 邮政管理部门应当向社会公布本部门的联系方式，方便公众举报违法行为。

邮政管理部门接到举报的，应当及时依法调查处理，并为举报人保密。对实名举报的，邮政管理部门应当将处理结果告知举报人。

第七章 法律责任

第四十条 未取得快递业务经营许可从事快递活动的，由邮政管理部门依照《中华人民共和国邮政法》的规定予以处罚。

经营快递业务的企业或者其分支机构有下列行为之一的，由邮政管理部门责令改正，可以处1万元以下的罚款；情节严重的，处1万元以上5万元以下的罚款，并可以责令停业整顿：

（一）开办快递末端网点未向所在地邮政管理部门备案；

（二）停止经营快递业务，未提前10日向社会公告，未书面告知邮政管理部门并交回快递业务经营许可证，或者未依法妥善处理尚未投递的快件；

（三）因不可抗力或者其他特殊原因暂停快递服务，未及时向邮政管理部门报告并向社会公告暂停服务的原因和期限，或者未依法妥善处理尚未投递的快件。

第四十一条 两个以上经营快递业务的企业使用统一的商标、字号或者快递运单经营快递业务，未遵守共同的服务约定，在服务质量、安全保障、业务流程等方面未实行统一管理，或者未向用户提供统一的快件跟踪查询和投诉处理服务的，由邮政管理部门责令改正，处1万元以上5万元以下的罚款；情节严重的，处5万元以上10万元以下的罚款，并可以责令停业整顿。

第四十二条 冒领、私自开拆、隐匿、毁弃、倒卖或者非法检查他人快件，尚不构成犯罪的，依法给予治安管理处罚。

经营快递业务的企业有前款规定行为，或者非法扣留快件的，由邮政管理部门责令改正，没收违法所得，并处5万元以上10万元以下的罚款；情节严重的，并处10万元以上20万元以下的罚款，并可以责令停业整顿直至吊销其快递业务经营许可证。

第四十三条　经营快递业务的企业有下列情形之一的，由邮政管理部门依照《中华人民共和国邮政法》、《中华人民共和国反恐怖主义法》的规定予以处罚：

（一）不建立或者不执行收寄验视制度；

（二）违反法律、行政法规以及国务院和国务院有关部门关于禁止寄递或者限制寄递物品的规定；

（三）收寄快件未查验寄件人身份并登记身份信息，或者发现寄件人提供身份信息不实仍予收寄；

（四）未按照规定对快件进行安全检查。

寄件人在快件中夹带禁止寄递的物品，尚不构成犯罪的，依法给予治安管理处罚。

第四十四条　经营快递业务的企业有下列行为之一的，由邮政管理部门责令改正，没收违法所得，并处1万元以上5万元以下的罚款；情节严重的，并处5万元以上10万元以下的罚款，并可以责令停业整顿直至吊销其快递业务经营许可证：

（一）未按照规定建立快递运单及电子数据管理制度；

（二）未定期销毁快递运单；

（三）出售、泄露或者非法提供快递服务过程中知悉的用户信息；

（四）发生或者可能发生用户信息泄露的情况，未立即采取补救措施，或者未向所在地邮政管理部门报告。

第四十五条　经营快递业务的企业及其从业人员在经营活动中有危害国家安全行为的，依法追究法律责任；对经营快递业务的企业，由邮政管理部门吊销其快递业务经营许可证。

第四十六条　邮政管理部门和其他有关部门的工作人员在监督管理工作中滥用职权、玩忽职守、徇私舞弊的，依法给予处分。

第四十七条　违反本条例规定，构成犯罪的，依法追究刑事责任；造成人身、财产或者其他损害的，依法承担赔偿责任。

第八章　附　则

第四十八条　本条例自2018年5月1日起施行。

司法部、交通运输部、国家邮政局负责人就《快递暂行条例》答记者问

2018年3月2日，国务院总理李克强签署国务院令，公布《快递暂行条例》（以下简称《条例》），自2018年5月1日起施行。日前，司法部、交通运输部、国家邮政局负责人就《条例》有关问题回答了记者的提问。

问：请介绍一下为什么要制定《条例》？

答：党的十九大报告要求，要“以良法促进发展、保障善治”，立法工作要在实现高质量发展中发挥重要作用。2009年修订邮政法时，明确了快递的法定地位，为快递业发展提供了基本的法律保障。近十年来，快递业取得了巨大发展，快件业务量连续四年位居世界第一，成为我国服务业的重要组成部分。快递业在高速发展的同时，也面临一些现实问题：一是快递业发展中还面临一些实际困难，如快递末端网点的办照成本较高、快递车辆通行难、快递基础设施薄弱等；二是快递安全形势比较严峻，危害公共安全和用户信息安全的情况时有发生；三是快递市场经营秩序不够规范，存在服务质量相对较低、责任界定不清等问题；四是快递服务的有关规则不够明确，容易引起争议等。这些问题都需要通过专门立法予以解决，为快递业持续健康发展提供制度保障。

问：立法的主要思路是什么？

答：当前，我国经济发展处于新旧动能转换、从高速发展进入高质量发展的关键阶段，作为经济新常态中的一匹“黑马”，快递业连接着供给侧和消费侧，与电子商务等新经济新业态关系紧密，发挥着重要作用。李克强总理多次

指出，对于刚刚出现的新行业、新业态，要坚持包容审慎的监管原则，不要一上来就“管死”、限制死，而要有序引导整个产业健康发展。因此，《条例》在立法中注意把握了三个方面的主要思路：

一是把促进快递业持续健康发展作为立法重点，着力解决制约行业发展的体制机制问题，释放制度红利，大家可以看到条例还设专章“发展保障”，规定了一系列促进和保障快递业发展的制度措施。

二是在制度上牢牢守住安全底线，保障国家安全、公共安全和用户信息安全。

三是规范快递秩序，完善快递服务规则，理顺法律关系，保护消费者合法权益，使企业、用户形成明确的法律预期，引导企业不断提升服务水平。

问：《条例》在促进快递业发展方面有哪些制度措施？

答：优化行业发展外部环境，促进快递业健康发展是本条例的立法重点之一，《条例》主要作了以下几方面规定：

一是完善政府职责，实施包容审慎监管，规定地方政府应当创造良好的营商环境，支持快递企业创新商业模式和服务方式；地方政府应当维护快递业竞争秩序，不得出台违反公平竞争、可能造成地区封锁和行业垄断的政策措施。

二是为了降低快递企业发展经营网络、布局设点的成本，规定企业及其分支机构设立的快递末端网点，无需办理营业执照。

三是县级以上地方人民政府应当将快递业发展纳入本级国民经济和社会发展规划，在城乡规划和土地利用总体规划中统筹考虑快件大型集散、分拣等基础设施用地的需要。县级以上地方人民政府建立健全促进快递业健康发展的政策措施，完善相关配套规定，依法保障经营快递业务的企业及其从业人员的合法权益。

四是县级以上地方人民政府公安、交通运输等部门和邮政管理部门应当加强协调配合，建立健全快递运输保障机制，依法保障快递服务车辆通行和临时停靠的权利，不得禁止快递服务车辆依法通行。

五是企业事业单位、住宅小区管理单位应当根据实际情况，采取与经营快递业务的企业签订合同、设置快件收寄投递专门场所等方式，为开展快递服务提供必要的便利。鼓励多个经营快递业务的企业共享末端服务设施，为用户提供便捷的快递末端服务。

六是国家鼓励快递业与制造业、农业、商贸业等行业建立协同发展机制，推动快递业与电子商务融合发展，加强信息沟通，共享设施和网络资源。国家引导和推动快递业与铁路、公路、水路、民航等行业的标准对接，支持在大型车站、码头、机场等交通枢纽配套建设快件运输通道和接驳场所。

七是鼓励经营快递业务的企业依法开展进出境快递业务，支持在重点口岸建设进出境快件处理中心，在境外依法开办快递服务机构并设置快件处理场所；海关、检验检疫、邮政管理等部门应当建立协作机制，完善跨境快件管理，推动实现快件便捷通关。

问：各方面对快递业涉及的安全问题十分关心，请问《条例》在这方面有什么规定？

答：一是规定寄件人交寄快件和企业收寄快件，应当遵守关于禁止寄递或者限制寄递物品的规定。

二是落实和细化了法律规定的实名收寄制度，寄件人交寄快件应当如实提供姓名、地址、联系电话等事项。除信件、已签订安全协议用户交寄的快件外，企业应当对寄件人身份进行查验，并登记身份信息；寄件人拒绝提供身份信息或者提供身份信息不实的，不得收寄。

三是规定企业应当严格执行收寄验视制度，验视后应作出验视标识；对企业受用户委托长期、批量提供快递服务的，进一步要求企业应当与用户签订安全协议。

四是规定企业可以自行或者委托第三方企业对快件进行安全检查，并对经过安全检查的快件作出安全检查标识；委托第三方企业对快件进行安全检查的，不免除委托方对快件安全承担的责任。同时，要求企业使用符合强制性国家标准的安全检查设备，加强对安全检查人员的背景审查和技术培训，公安机关等相关部门应当予以配合。

同时，在寄递过程中发现禁止寄递或者限制寄递物品的，应当依法处理，并按规定向有关部门报告。

问：《条例》在完善快递服务规则、保护消费者合法权益方面有哪些规定？

答：完善快递服务规则，有利于明确各方权利义务，理顺法律关系，使企业、用户形成明确的法律预期。《条例》主要作了以下几方面规定：

一是两个以上经营快递业务的企业使用统一的商标、字号或者快递运单经营快递业务，应当签订书面协议明确各自的权利义务，遵守共同的服务约定，实行统一管理和服务。用户权益受到损害的，可以要求该商标、商号或者快递运单所属企业赔偿，也可以要求实际提供快递服务的企业赔偿。

二是细化收寄规则。企业在用户填写快递运单前，应当提醒其阅读快递服务合同条款，遵守禁止寄递和限制寄递有关规定，告知相关保价规则和保险服务项目。

三是明确投递规则。企业应当按址投递，将快件投递到约定的收件地址、收件人或者收件人指定的代收人，并告知收件人或者代收人当面验收。收件人或者代收人有权当面验收。同时对无法投递、无法退回的快件规定了具体处理规则。

四是进一步细化快件损失赔偿规则。快件发生延误、丢失、损毁或者内件短少的，对保价快件，应当按照约定的保价规则确定赔偿责任；对未保价的快件，依照民事法律的有关规定确定赔偿责任。寄件人交寄贵重物品的，应当事先声明；企业可以要求寄件人对贵重物品予以保价。

五是切实保护用户信息安全。规定企业应当建立快件运单及电子数据管理制度，妥善保管用户信息等电子数据，定期销毁快件运单；企业及其从业人员不得出售或者非法泄露用户信息。在发生或者可能发生用户信息泄露情况时，企业应当立即采取补救措施，并向所在地邮政管理机构报告。对于出售、泄露或者向他人非法提供快递服务过程中知悉的用户信息等违法行为，规定了严格的法律责任。

解读——

《快递暂行条例》

国家邮政局

快递业是现代服务业的重要组成部分，也是推动流通方式转型、促进消费升级的现代化先导性产业，在稳增长、促改革、调结构、惠民生、防风险等方面发挥着重要作用。我国快递业历经十年持续快速发展，规模增速依然高位运行，新业态、新动能不断呈现。《快递暂行条例》此时出台，是为了持续推动快递业健康发展，保障快递安全，保护用户合法权益，促成快递业治理体系和治理能力现代化。

一、立法背景

《快递暂行条例》是在我国快递业实现发展的基础上制定的。2007年以来，特别是2009年邮政法明确了快递企业的法律地位后，我国快递业由小到大迅猛发展，市场结构持续优化，资源要素加速聚集。2017年全国快递业务量完成了400.6亿件，是2007年的33.4倍，年均增长达到42%；2017年快递业务收入近5000亿元，是2007年的14.5倍，年均增幅达30.6%。我国快递业务量规模已经连续4年位居世界第一，每年新增就业20万人，包裹快递量超过美国、日本、欧洲等发达经济体，对全球包裹快递量的增长贡献率超过了50%。我国已经成为名副其实的快递大国。随着业务规模的壮大，我国快递企业迎来了上市的高峰期，已经有7家企业陆续上市，形成了7家年收入超过300亿元的企业集团。快递业科技创新和绿色发展取得了积极的进展，全国建成上百个智能化分拨中心，投入运行的智能快件箱突破20万组。无人仓、无人机、无人车的研发应用步伐持续加快，主要品牌快递企业的电子运单普及率提升至80%，新能源运输车保有量突破7000辆。在发展过程中，快递业仍面临制度层面的现实问题，快递车辆通行难，快件集散、分拣等基础设施薄弱，末端网点法律地位不明晰，快递加盟等经营秩序需进一步规范，有关服务规则不够明确，寄递渠道安全压力较大，亟需制定行政法规予以规范和保障。党的十九大为快递业高质量发展指明了方向，国务院要求坚持包容审慎监管原则，对优化快递业的政策环境，增强快递服务能力，提升快递服务质效提出了新的要求。制定《快递暂行条例》正是为了保障我国快递业实现由大到强的转变，促进高质量的发展，建设邮政强国，更好地满足人民对美好生活的用邮需求。

二、立法思路

《快递暂行条例》致力于促进快递业持续健康发展，使人民群众拥有更大的获得感，在立法过程中坚持了公开透明、广泛参与的原则，积极听取和兼顾了公众、政府部门、协会、企业和员工的意见和诉求，努力画大同心圆，取得最大公约数。《快递暂行条例》贯彻了包容审慎、创新务实的原则，将快递业作为与新经济、新业态关系紧密的新兴产业，充分融入了快递业的发展需求、改革需求和管理需求。立法思路主要体现在三个着力点。

1. 促进发展。将促进快递业持续健康发展作为立法的着力点，着重解决制约发展的体制机制问题，释放制度红利。《快递暂行条例》设专章规定了发展保障，制定了一系列促进快递业发展的制度措施，既解决业内存在的问题，也解决快递业与其他行业衔接协调方面的问题。同时，以经营快递业务的企业作为制度调节重点，制度红利以企业的实际感受为衡量标准，充分考虑企业感受向消费者传导的过程，在制度设计上坚持有效保护消费者合法权益。

2. 服务民生。着力完善快递服务规则，规范快递秩序，理顺法律关系，使企业和用户形成明确的法律预期，引导企业不断提升服务水平。通过具体的规范明确行为预期，特别是针对业内普遍采用的加盟经营模式，明确了制度规范，对快递服务中容易产生纠纷的问题作出相应规定。

3. 保障安全。从制度上牢牢守住安全底线，着力保障公共安全和用户信息安全。《快递暂行条例》立足实际情况，聚焦快递业安全发展的老问题和新挑战，对用户的电子数据信息安全进行了专门规定，立法过程中充分研究了企业使用电子运单等形式保障信息安全的做法，对企业违规行为规定了严格的法律责任。

三、立法过程

《快递暂行条例》立法工作得到了党中央、国务院领导的关怀，得到了有关部门、地方政府和人民群众的支持，也凝聚了全行业的智慧和力量。制定快递行政法规，是国务院立法计划明确的“全面深化改革急需的项目”，立法进程随着我国快递业的发展而加速推进。立法工作的重要时间节点与快递业发展中的标志性事件紧密结合在一起。2013 年，全国快递年业务量达到 90 亿件，国家邮政局按国务院部署正式启动条例草案起草工作。2014 年，快递年业务量突破 100 亿件，国家邮政局起草形成了条例草案，并向社会广泛征求意见。2015 年，快递年业务量完成 200 亿件之后，全国政协双周协商会将快递条例的制定纳入协商范畴。2017 年初，全国快递年业务量超过 300 亿件，国务院法制办原则确定了条例草案的内容。2017 年 7 月，国务院常务会议进行了第一次审议，将这部行政法规命名为《快递暂行条例》，同时决定再一次向社会公开征求意见。2017 年 10 月，在充分征求和吸收快递员、企业、协会、公众意见的基础上，国家邮政局会同国务院有关部门修改完成了草案，按程序提交国务院。2018 年 2 月 7 日，国务院常务会议原则通过了《快递暂行条例（草案）》，3 月 2 日，李克强总理正式签署。此时，恰逢快递年业务量突破 400 亿件。《快递暂行条例》的立法工作，见证了我国快递业实现跨越发展的历程，激励鼓舞着快递业始终坚持发展第一要务，推动行业发展不断迈上新台阶。

四、主要制度安排

《快递暂行条例》共8章48条，内容丰富、实用，对经营、使用、监督管理快递业务作出了规范与保障，是有关部门、企事业单位、行业协会、从业人员和用户应当遵守的行为规则。《快递暂行条例》的制度安排在许多方面实现了突破和创新，有些突破可以说是历史性的。

1. 命名为“暂行条例”。根据国务院常务会议决定，条例命名为“暂行条例”。如此命名，有两个方面的考虑。一是快递是新业态，存在很多未知事项，应当为制度安排留有空间。二是政府部门要坚持包容审慎监管，对此李克强总理指出，针对《快递暂行条例》执行过程中的一些问题，可以不断总结经验，及时调整制度措施，更好地适应新产业、新动能发展的需要。《快递暂行条例》是国务院行政法规，法律位阶较高，其强制力、规范性以及指引、评价作用，将为我国快递物流领域带来重大而深远的影响。条例中关于其他政府部门的名称表述，将在国务院机构改革全面施行后，参与行政法规的打包修改。

2. 促进行业发展。《快递暂行条例》为保障快递业健康发展，制定了内容丰富的制度安排。一是加强外部支撑，对营商环境、竞争秩序、发展规划等提出了要求，为政府部门和行业协会设定了责任，强调地方政府要建立健全促进快递业健康发展的政策措施，保障企业及员工的合法权益。二是破解行业难题，对制约发展的共性问题安排了解决途径，要求将快递相关基础设施用地纳入地方城乡规划和土地利用总体规划，破解用地难；要求保障快递服务车辆通行和临时停靠权利，破解上路难；要求企事业单位、住宅小区管理单位为快递服务提供必要的便利，破解上门难。三是凝聚发展合力，建立了明确的制度导向，鼓励快递业与制造业、农业、商贸业等行业协同发展，推动快递业与电子商务融合发展，引导快递业与铁路、公路、水路、民航等行业进行标准对接。四是支持企业做强，支持企业创新商业模式和服务方式，鼓励企业采用先进技术，推广应用自动化、机械化和智能设施设备，鼓励共享末端服务设施，鼓励开展进出境业务，支持在境外依法开办服务机构和处理场所。五是引导绿色发展，建立了绿色生产消费的制度导向，明确鼓励企业和寄件人使用可降解、可重复使用的环保包装材料，鼓励企业采取措施回收快件包装，充分发挥相关各方积极性，共促快件包装材料的减量化利用和再利用。六是支持跨境发展，条例对优化通关管理服务提出要求，规定有关部门应当建立协作机制，完善进出境快件管理，推动实现快件便捷通关。

3. 推进“放管服”改革。《快递暂行条例》按照“放管服”改革的方向，进行了制度上的突破和创新。一是减少政府对微观经济活动的直接干预，条例明确禁止地方政府出台违反公平竞争、可能造成地区封锁和行业垄断的政策措施，以保证把市场机制能有效调节的经济活动交给市场。二是简化末端网点开办手续，条例明确了快递末端网点的法律地位，规定进行属地的事后备案，无需办理营业执照，并支持和鼓励在农村、偏远地区发展快递服务网络，完善快递末端网点布局，减轻了企业布局末端网络的负担。三是健全协同共治管理模式，条例注重发挥行业协会自律作用，要求协会促进企业守法、诚信、安全经营，督促企业落实安全生产主体责任，引导企业不断提高快递服务质量和水平。四是构建以信用为核心的新型市场监管体制，条例规定加强快递业诚信体系建设，建立健全快递业信用记录、信息公开、信用评价制度，依法实施联合惩戒措施，提高快递业信用水平。五是规范事中事后监管行为，限定了邮政管理部门监督检查的重点内容，固化了“双随机、一公开”日常检查制度，规定邮政管理部门利用先进技术手段进行检查，创新了监管方式。

4. 保护用户权益。《快递暂行条例》重视保护用户合法权益，对用户集中关注的快件损失索赔和个人信息安全问题作了安排。一是防止采用加盟模式的企业在用户索赔问题上推诿，条例针对快递网络化服务的特点，规定用户可以向商标、字号、快递运单的所属企业要求赔偿，也可以向实际提供服务的企业要求赔偿。二是要求企业提供统一的投诉处理服务，规定在7日内予以处理并告知用户，并对不按照规定提供投诉处理服务的行为设定了行政处罚。三是引入快件损失赔偿商业保险，条例鼓励保险公司开发相关责任险种，鼓励经营快递业务的企业投保，让用户多一层赔付保障。四是保障用户在节假日期间使用快递服务，条例要求企业向社会公告暂停快递服务的原因和期限，帮助用户建立合理的消费预期，鼓励企业根据业务量变化实际情况，在节假日期间为用户提供正常的快递服务，以此指引企业通过合理安排值班休假以及给予员工物质精神激励等多种有效措施，努力实现消费者与劳动者的互利共赢。五是从多个层面保护用户信息安全，条例禁止在快递运单上记录不必要的信息，减少个人信息泄露的风险点；限定实名收寄的快件范围，明确企业搜集用户信息的行为边界；规定了信息泄露时的补救义务，为企业设定了法律责任；加强监督检查，强化快递运单及电子数据管理。条例基本建立了企业合法获取、使用、保管信息，邮政管理部门依法引导、检查和追责的用户信息保护机制。

5. 完善服务规则。《快递暂行条例》针对实践中存在的服务质量问题，对快递服务规则进行了完善和强化。一是确立了快件保价基本规范。明确要求企业与寄件人按照约定的保价规则确定赔偿责任，要求企业在寄件人填写运单前告知保价规则，允许企业要求寄件人对贵重物品保价，衔接了未保价快件的赔偿责任。这一规定填补了邮政法只规定给据邮件保价、未规定快件保价的空白。二是强化了快件处理操作规范。明确要求企业规范操作，防止造成快件损毁，并衔接了运送特定物品的特殊规定，指引企业在操作中采取有效措施保障快件安全。这一规定肯定了"不着地、不抛件"的管理要求，进一步防范"野蛮操作"。三是明确了投递和验收规则，从行政法规层面肯定了快件收件人指定代收人的实践做法，并规定当面验收是收件人、代收人的权利，要求企业告知收件人或者代收人当面验收。四是补充了无法投递快件的处理规则。允许企业根据寄件人要求处理无法投递的快件，细化了无法投递又无法退回快件的处理程序，明确了有关部门和企业的责任。五是充实了快递服务赔偿规则。明确将快件延误纳入企业赔偿范围，并衔接保价和民事赔偿规则。这一制度安排将行业实践经验上升为行政法规的规定，在邮政法的基础上扩大了保护范围。

6. 保障快递安全。《快递暂行条例》坚持将安全作为前提和基础。针对快递服务点多、线长、面广的实际情况，根据快递操作过程中人货分离、递送便捷的特点，条例注重在提高人防、技防、物防的基础上，优化、实化、细化快件收寄验视、实名收寄、过机安检制度，增加数据安全管理制度，强化安全生产制度。一是在收寄验视和安检操作方面，要求企业必须作出验视标识和安检标识，明晰了企业在安全操作中的责任。二是在实名收寄方面，要求用户提供身份信息，对拒不提供身份信息或者身份信息不实的，企业不得收寄，在不降低安全防范水平的前提下，减少了开展实名收寄的压力和阻力。三是在安全检查方面，允许企业根据自身情况选择自行安检或者委托安检，有利于节约资源、提高效率，提升安检操作的专业化水平。四是在快递运单和电子数据管理方面，明确要求妥善保管电子数据、定期销毁运单，并设定了处罚措施，赋权国务院有关部门制定具体办法。五是在安全生产方面，重申企业应当建立健全安全生产责任制，要求企业制定应急预案，定期开展应急演练，发生突发事件妥善处理并向邮政管理部门报告。

五、开启新的征程

《快递暂行条例》是邮政业在党的十九大之后取得的重要立法成果，贯彻了习近平新时代中国特色社会主义思想，是邮政业推动科学立法、民主立法、依法立法的重要实践，给行业改革发展带来了历史性机遇，具有里程碑的意义。

1.《快递暂行条例》的出台，是对邮政体制改革实践成果的权威总结和高度肯定。政企分开释放了邮政业的生机活力，十年快速发展，行业规模不断扩大，生产要素加快聚集，奠定了优化顶层设计的经济基础。全面加强法治邮政建设保护了邮政业持续发展的积极性和创造性，新业态新模式不断涌现，就业人数连年增长，社会各方高度关注，奠定了行政法规立法的社会基础。邮政管理体制的完善，维护了邮政市场秩序，带动全行业争取到更多利好、更大支持，强化了全行业推进制度建设的组织性、统一性，为推动条例出台奠定了行业基础。国务院颁布《快递暂行条例》，是对邮政体制改革成功实践最有信服力的总结，更是对邮政业和邮政管理部门的新的更高要求。

2.《快递暂行条例》的出台，从国务院行政法规的高度宣告邮政业全面转向高质量发展阶段。《快递暂行条例》立足我国邮政业发展实际，破解制约行业发展的体制机制问题，大大优化了发展环境，引导行业发展实现质量变革、效率变革、动力变革，巩固劳动力、土地、资本、创新等要素优化配置成果，推动提高行业全要素生产率，是邮政业深化供给侧结构性改革的重要制度保障。《快递暂行条例》将在维护市场公平竞争秩序，推进行业治理体系和治理能力现代化，提升行业发展水平，保障人民用邮权益，服务大众创业、万众创新等方面发挥基础性、关键性的作用，为我国迈向邮政强国赋予厚重而持久的能量。

3.《快递暂行条例》的出台，开辟了邮政业服务人民美好生活的新起点。《快递暂行条例》贯彻了以人民为中心的发展思想，立足人民群众对美好生活的用邮需求，全方位优化了快递服务运行体系，引导广大用户、企业、从业人员对行政法规的制度安排形成明确预期。《快递暂行条例》坚持提升消费者使用快递服务的获得感、幸福感和安全感，注重培养和保护从业人员的存在感、归属感和自豪感，鼓励邮政业充分发挥劳动密集型产业优势，更好发挥对生产生活的服务作用，推动邮政业始终按人民期盼的方向大踏步迈进。

4.《快递暂行条例》的出台，开创了邮政业持续健康发展的新境界。《快递暂行条例》的制度安排贯彻了创新、协调、绿色、开放、共享理念，坚持了安全发展理念，肯定了邮政业“打通上下游、拓展产业链、画大同心圆、构建生态圈”的发展思路，在全国范围内凝聚了共识。《快递暂行条例》充分发挥中央与地方两个积极性，深入平衡企业与用户的权利义务，积极营造上游与下游产业协同发展的好势头，将邮政业的长远发展引向广阔天地。

5.《快递暂行条例》的出台，开启了邮政业制度建设的新征程。《快递暂行条例》是全球为数不多的全方位调整快递法律关系的专门法，为世界邮政业改革发展贡献了“中国智慧”，增强了我国邮政业顶层设计的自信。《快递暂行条例》作为行政法规，其效力仅次于邮政法，是今后制修订邮政部门规章、规范性文件、地方性法规、地方政府规章的新依据。《快递暂行条例》的出台，丰富和完善了邮政业法律法规的总体构成，对构建系统完备、科学规范、运行有效的邮政业制度体系具有承上启下、承前启后的关键作用。

中共中央办公厅　国务院办公厅
印发《关于加强知识产权审判领域改革创新若干问题的意见》

（2018 年 2 月 27 日）

知识产权保护是激励创新的基本手段，是创新原动力的基本保障，是国际竞争力的核心要素。人民法院知识产权审判工作，事关创新驱动发展战略实施，事关经济社会文化发展繁荣，事关国内国际两个大局，对于建设知识产权强国和世界科技强国具有重要意义。为深入贯彻实施创新驱动发展战略和国家知识产权战略，强化知识产权创造、保护、运用，破解制约知识产权审判发展的体制机制障碍，充分发挥知识产权审判激励和保护创新、促进科技进步和社会发展的职能作用，提出以下意见。

一、总体要求

（一）指导思想

全面贯彻落实党的十九大精神，以习近平新时代中国特色社会主义思想为指导，牢固树立“四个意识”，按照统筹推进“五位一体”总体布局和协调推进“四个全面”战略布局要求，紧紧围绕“努力让人民群众在每一个司法案件中感受到公平正义”目标，坚持司法为民、公正司法，不断深化知识产权审判领域改革，充分发挥知识产权司法保护主导作用，树立保护知识产权就是保护创新的理念，优化科技创新法治环境，推动实施创新驱动发展战略，为实现“两个一百年”奋斗目标和建设知识产权强国、世界科技强国提供有力司法保障。

（二）基本原则

——坚持高点定位。立足国家战略层面，紧紧围绕党和国家发展大局，积极适应国际形势新变化，加强事关知识产权审判长远发展的全局性、体制性、根本性问题的顶层设计，改革完善知识产权司法保护体制机制。

——坚持问题导向。紧扣人民群众司法需求，针对影响和制约知识产权审判发展的关键领域和薄弱环节，研究对策措施，着力破解难题、补齐短板，进一步提升知识产权司法保护水平。

——坚持改革创新。解放思想，实事求是，遵循审判规律，以创新的方法激励创新，以创新的方式保护创新，以改革的思维解决知识产权审判领域改革中面临的问题和困难，使改革创新成为知识产权审判持续健康发展的动力源泉。

——坚持开放发展。既立足我国国情，又尊重国际规则，借鉴国际上知识产权司法保护的成功经验，积极构建中国特色知识产权司法保护新模式，不断增强我国在知识产权国际治理规则中的引领力。

（三）改革目标

以完善知识产权诉讼制度为基础，以加强知识产权法院体系建设为重点，以加强知识产权审判队伍建设为保障，不断提高知识产权审判质量效率，加大知识产权司法保护力度，有效遏制侵犯知识产权行为，进一步提升知识产权领域司法公信力和国际影响力，加快推进知识产权审判体系和审判能力向现代化迈进。

二、完善知识产权诉讼制度

（一）建立符合知识产权案件特点的诉讼证据规则

根据知识产权无形性、时间性和地域性等特点，完善证据保全制度，发挥专家辅助人作用，适当加大人民法院依职权调查取证力度，建立激励当事人积极、主动提供证据的诉讼机制。通过多种方式充分发挥公证在知识产权案件中固定证据的作用。加强知识产权领域的诉讼诚信体系建设，探索建立证据披露、证据妨碍排除等规则，合理分配举证责任，适当减轻权利人举证负担，着力破解知识产权权利人“举证难”问题。

（二）建立体现知识产权价值的侵权损害赔偿制度

1. 坚持知识产权创造价值、权利人理应享有利益回报的价值导向。充分发挥社会组织、中介机构在知识产权价值评估中的作用，建立以尊重知识产权、鼓励创新运用为导向，以实现知识产权市场价值为指引，以补偿为主、惩罚为辅的侵权损害司法认定机制，着力破解知识产权侵权诉讼“赔偿低”问题。

2. 加大知识产权侵权违法行为惩治力度，降低维权成本。对于具有重复侵权、恶意侵权以及其他严重侵权情节的，依法加大赔偿力度，提高赔偿数额，由败诉方承担维权成本，让侵权者付出沉重代价，有效遏制和威慑侵犯知识产权行为。努力营造不敢侵权、不愿侵权的法律氛围，实现向知识产权严格保护的历史性转变。

（三）推进符合知识产权诉讼规律的裁判方式改革

进一步发挥知识产权司法保护的主导作用，依法加强对知识产权行政行为的司法审查，促进知识产权行政执法标准与司法裁判标准的统一。加强司法大数据的研究应用，完善知识产权案例指导制度，改进裁判方式，推进知识产权案件繁简分流，切实增强知识产权司法救济的便民性和时效性，着力破解知识产权案件审理“周期长”问题。

三、加强知识产权法院体系建设

（一）建立健全知识产权专门化审判体系

1. 按照《国家知识产权战略纲要》要求，从推动建成知识产权强国和世界科技强国的战略高度，认真总结知识产权审判基本规律和经验，加强现状分析和对国际趋势的研判，研究建立国家层面知识产权案件上诉审理机制，实现有关知识产权案件审理专门化、管辖集中化、程序集约化和人员专业化，从根本上解决知识产权裁判尺度不统一、诉讼程序复杂等制约科技创新的体制性难题。

2. 全面总结北京、上海、广州知识产权法院设立、运行、建设、发展的经验，提出可复制、可推广的意见，依照法定程序实施；进一步健全符合知识产权司法保护规律的专门化审判体系，有效满足科技创新对知识产权专门化审判的司法需求。

（二）探索跨地区知识产权案件异地审理机制

充分整合京津冀三地法院审判优势资源，探索北京知识产权法院集中管辖京津冀地区技术类知识产权案件，充分发挥知识产权专门化审判在推动京津冀创新驱动发展方面的独特作用，为京津冀形成协调创新共同体、实现经济转型和科学发展提供有力司法支持。

（三）完善知识产权法院人财物保障制度

1. 建立分类管理、定向培养、跟踪考核、适时调整相结合的知识产权法院法官员额动态调整机制。根据案件的受理数量、增长趋势、难易程度等，动态调整法官员额，化解人案矛盾，提升司法效率。

2. 根据知识产权法院隶属关系和工作实际，完善经费保障机制，明确知识产权法院购买社会服务的依据，促进知识产权法院财务工作规范化。

四、加强知识产权审判队伍建设

（一）加大知识产权审判人才培养选拔力度

1. 在保持知识产权审判队伍稳定的前提下，建立知识产权法院之间、知识产权专门审判机构之间、上下级法院之间形式多样的人员交流机制，有计划地选派综合素质高、专业能力强、有培养潜力的知识产权法官到有关党政机关等任职、挂职，可以从立法工作者、律师、法学专家中公开选拔知识产权法官，进一步激发知识产权审判队伍的积极性、主动性和创造性。

2. 增强培训的针对性和有效性，提高知识产权审判队伍的思想政治素质、职业素养和专业水平，加强对外交流与合作，努力造就一批政治坚定、顾全大局、精通法律、熟悉技术并具有国际视野的知识产权审判人才。

（二）加强技术调查官队伍建设

探索在编制内按照聘任等方式选任、管理技术调查官，细化选任条件、任职类型、职责范围、管理模式和培养机制，规范技术审查意见的采信机制，充分发挥技术调查官对有效查明技术事实、提高知识产权审判质量效率的积极作用，增强技术事实认定的中立性、客观性和科学性。

五、加强组织领导

（一）加强组织实施

有关地区和部门要高度重视人民法院知识产权审判工作，将其作为推进全面深化改革、全面依法治国和深入贯彻实施创新驱动发展战略、国家知识产权战略的重要内容，切实加强组织领导。要抓紧制定实施细则，明确责任部门，确定时间表、路线图，确保各项工作要求及时有效落实。

（二）强化工作保障

有关地区和部门要认真贯彻落实党中央关于充分发挥知识产权司法保护主导作用的要求，统筹调配人民法院现有司法资源和相关审判力量，在经费保障、物资装备等方面做好对人民法院知识产权审判工作的保障和支持，大力推进知识产权审判队伍正规化、专业化、职业化、国际化建设。

（三）完善相关法律规定

积极推进人民法院组织法、专利法、著作权法、有关诉讼法等相关法律的修订工作，研究制定符合知识产权审判规律的特别程序法，加强知识产权案件专门审判组织、诉讼管辖、证据规则、审理程序和裁判方式的法律化、制度化。

最高人民法院相关负责人就《关于加强知识产权审判领域改革创新若干问题的意见》介绍有关情况并答记者问

国务院新闻办公室于2018年2月28日（星期三）上午10时在国务院新闻办新闻发布厅举行新闻发布会，请最高人民法院副院长陶凯元介绍《关于加强知识产权审判领域改革创新若干问题的意见》（以下简称《意见》）有关情况，并答记者问。

问：请介绍下《意见》的有关情况。

答：长期以来，广大新闻界的朋友宣传知识产权司法，为知识产权司法保护事业的发展做出了重要贡献。借此机会，我代表最高人民法院对各位表示衷心的感谢，也期待各位对知识产权司法保护事业和人民法院知识产权审判工作给予更多的关注和更大的支持。

昨天，“两办”于2月6日印发的《关于加强知识产权审判领域改革创新若干问题的意见》全文发布。下面，我简要介绍一下《意见》的有关情况。

2017年初，中央深改组确定由最高人民法院牵头负责起草《意见》。最高人民法院成立专门的起草小组，开展广泛深入的调研论证。多次征求中央和地方各有关方面的意见，反复沟通协商，争取最大共识。经最高人民法院党组会议讨论修改后，形成报审稿，层报中央深改组会议审议。2017年11月20日，习近平总书记主持召开十九届中央全面深化改革领导小组第一次会议，审议通过了这一重要文件。

《意见》是“两办”印发的第一个专门面向知识产权审判的里程碑式的纲领性文件，确立了新时代人民法院知识产权审判工作的指导思想、基本原则、改革目标和重点措施，夯实了知识产权司法事业的理论、制度和组织基础，为新时代人民法院知识产权司法事业的发展描绘了宏伟蓝图，对于全面加快我国知识产权审判体系和审判能力现代化进程具有重大的现实意义和深远的历史意义。

第一，《意见》的出台是维护科技创新利益的客观需要。

创新是引领发展的第一动力，是建设现代化经济体系的战略支撑。作为对创新的产权制度安排和激励机制，知识产权制度是创新原动力的基本保障。司法是保护知识产权最有效、最根本、最权威的手段。《意见》将“树立保护知识产权就是保护创新的理念”作为指导思想的重要内容，将进一步激发全社会创新热情，推动大众创业和万众创新，不断增强我国经济的创新力和竞争力。

第二，《意见》的出台是强化知识产权保护的重大举措。

全国人大常委会关于专利法、著作权法的执法检查报告指出，知识产权维权领域存在“举证难、赔偿低、周期长”等问题。《意见》坚持问题导向和目标导向，加强顶层设计，以完善知识产权诉讼制度为基础，以加强知识产权法院体系建设为重点，以加强知识产权审判队伍建设为保障，着力破解影响和制约知识产权司法保护的全局性、体制性、根本性问题，大力提升知识产权司法公信力。

第三，《意见》的出台是发挥知识产权司法保护主导作用的必然要求。

司法在知识产权保护中发挥主导作用，是司法本质属性和知识产权保护规律的内在要求，是全面推进依法治国的重要体现，是提升国际影响力的重要方式。《意见》的出台，将进一步强化知识产权司法保护的稳定性和导向性，为行业发展提供指引；将进一步强化知识产权司法保护的实效性和全面性，切实满足权利人的正当保护需求；将进一步强化知识产权司法保护的终局性和权威性，彰显法治精神。

第四，《意见》的出台是推动知识产权审判体系和审判能力现代化的重要保障。

《意见》以审判体系现代化、审判能力现代化为两大抓手，积极构建资源优化、科学运行、高效权威的知识产权专门化审判体系，努力造就政治坚定、顾全大局、精通法律、熟悉技术并具有国际视野的知识产权审判队伍，更好地适应新时代知识产权司法事业的新要求新特点，努力将中国法院打造成当事人信赖的国际知识产权争端解决“优选地”。

《意见》包括五个部分，涉及十二项具体措施，是党中央对全面深化知识产权审判领域改革作出的重大部署。人民法院一定把狠抓落实作为重大的政治责任，聚焦知识产权审判工作的差距不足，聚焦深化改革中的新情况新问题，聚焦补齐重大制度短板，真正把功夫下在出实招、办实事、求实效上，以钉钉子精神把知识产权审判的各项工作做实做细做好，切实把改革的成效体现在办案质效和司法公信力的提高上，确保党中央的决策部署落地生根、开花结果。

问：最高人民法院作为最高审判机关是如何确保各地法院的裁判尺度统一的？

答：司法标准的统一对于整个法治的发展和保障非常重要。我们经常讲，如果同案不同判的后果是非常严重的，会让人民对法律后果没有一个可预期性。最高人民法院，作为中国的最高审判机关，如何确保司法标准的统一，我们主要是从以下方面做工作。

首先，我想强调的是法律的价值是什么，它最大的作用就是规则的作用。“规则社会”，就是任何人都必须按规则行事，我们正在向着规则社会迈进。所以，法律的价值就是让人们形成一种规则的意识，什么事情都按规则办。作为法官和法院，作为一个裁判者，就要保证这些规则的统一的执行，使人们对法律后果和法律规则的后果有一个稳定的预期。

其次，人民法院主要通过以下三种途径保证司法统一：

第一，通过案件的审理保证裁判统一。最高人民法院作为最高审级，主要有几个途径审理案件：一是二审。一审案件如果在高级人民法院，二审就高了最高人民法院。二是申诉案件，申请再审案件，二审已经在高级人民法院了，但是当事人不服，可以申请再审。三是再审案件，再审的案件就到了最高人民法院。这三类案件到了最高人民法院之后通过二审或者上诉案件、再审案件以及申诉案件的审理，可以纠正下级法院的一些裁判不统一的问题，通过案件的审理来规范和监督指导下级法院统一裁判标准。

第二，及时制定司法解释。一个重大的法律颁布以后，我们都会配套跟进司法释，由于法律的一个特点是具有原则性、普遍性。所以，这个时候最高人民法院要发挥它的主要功能，就是制定司法解释。司法解释制度确定以来，最高人民法院制定了知识产权的司法解释已经达到36件，当然今年我们还有很多司法解释。现在，排在计划单上的司法解释知识产权大概有十余项，每年想推出大概三到四项，稳步推进知识产权司法解释制度。这样司法解释制度的出台，为推动知识产权法律的准确、有效实施提供了一个规范，也让下级法院在实操方面有依据，就是怎么样把法律准确运用。

第三，适时制定司法政策。我们在早些年根据不同的形势发布过很多司法文件，在这里给大家重点介绍两个：一是2016年7月在南京召开了全国知识产权审判工作座谈会，在这次会议上根据新的形势和任务提出了新的司法政策，就是我们所说的“十六字方针”。“十六字方针”一是司法主导。二是严格保护，对知识产权要实行严格保护制度。三是分类施策。因为我们知道知识产权有很多种，每一种知识产权的保护是不一样的，对哪种知识产权该怎么样进行保护。四是比例协调。知识产权很有意思的现象，冲突与平衡，发生纠纷以后就发生了冲突，在案件审判里我们要做比例协调的平衡，该赔，怎么赔、赔多少，所以这里面有非常多的技术性问题。

去年4月份，我们首次发布了《中国知识产权司法保护纲要（2016－2020）》，这是最高人民法院知识产权保护历史上第一次五年规划和《纲要》。《纲要》全面总结和归纳了过去30年知识产权司法保护的成功经验，也系统地提出了未来五年知识产权保护工作的主要目标和具体举措。应该说它会给整个知识产权审判体系更加的完善和审判能力走向成熟提供很重要的指引。这个《纲要》大家如果有印象的话，在去年发布的时候有的记者也参加过，当时是宋庭长主持和回答记者提问的。

第四，发布知识产权指导性案例。指导性案例是很有趣的话题，如果大家有兴趣，可以在这个话题讨论。案例制度成立以来截至2017年底，最高人民法院一共发布了92个指导性案例，其中涉及知识产权的占了20个，算了一下大概超过1/5。92个案例里就有20个知识产权的指导案例，可见知识产权指导案例的份量之重，这个比例是很大的，这种指导性案例当然也为下级法院统一裁判标准提供了依据。

第五，不断加强对知识产权法官的培训和教育力度。我们非常自豪地告诉大家，在知识产权审判领域有一支非常优秀的专业的法官队伍。我们隔一年就要评选一次全国审判业务专家，获得这个最高审判业务荣誉称号的法官当中，知识产权法官占的比例也是相当高的。我忘了统计具体数字，应该超过10个以上，我们在座的就有知识产权审判业务专家，我们的副庭长就是这方面的业务专家，还有一位李剑同志也是，还有大家非常熟悉的宋鱼水也是审判业务专家。有这样一支队伍的保障也是很重要的。

问：《意见》提出要完善知识产权案例指导制度，我们知道判例法是英美国家的特色，在中国，案例指导制度又是如何定位的？

答：针对这个问题，可能有些记者挺困扰，说中国是成文法国家，英美是判例法国家，为什么我们有案例指导制度这样的说法。不论是西方的判例法国家还是中国这样的成文法国家，其实对判例或者是案例的编撰都是非常重视的，因为整个案例或者是判例的汇总、编撰、发布对于司法裁判和法学教育，因为有很多是学法律的，要在学校里学案例，不仅仅学理论。我在大学当过很多年的老师，给学生讲课肯定不能只讲理论的，说第一条是什么第二条是什么；或者第一个原理第二个原理，大家觉得这样是空洞的，我们要通过案例讲学，你讲每一个案例的时候就在想后面的条文是什么。当我成为一个法官的时候，我这个感觉更加深刻，每看到一个案例都会想这个案例后面的条文，它的法律和基础是什么。所以它对司法的裁判、对法学的教育，甚至是国家的立法都具有重要的基础性意义。当然我们的叫法和西方国家不太一样，他们叫判例，我们叫案例，这一字之差表明我们两者是不一样的。判例是约束力，有一个判例以后后面的案子就要跟着它做，不能不一样，但是我们叫案例，而且叫指导性案例。指导性案例就是要参照执行，区别在这里。

从2010年11月份，最高人民法院制定了《关于案例指导工作的规定》，正式建立起规范化的案例指导制度。在案例指导制度里最有价值的就是，审判委员会讨论通过的“最高人民法院指导性案例”。从2010年11月开始，一共发布了92个指导性案例。大家感觉并不太多，因为我们都很慎重，每一个案例都要通过审委会讨论，都要反复讨论，确定这个案子是有指导性案例的，我们才能发布，所以到现在发布了92个。这种指导性案例我们要求下级法院在审判类似案例时“应当参照”，请大家注意这四个字，但是我们并没有说它具有约束力。大家关注一下北京知识产权法院，他们的判决书经常会引用指导性案例进行说理，“本院认为”部分会引用指导性案例，这是非常有益的探索，大家可以关注一下。

在知识产权这一块以外，除了刚才介绍的20个指导案例以外，我们还建立了多样化案例指导制度。如果大家采访过“426”① 的新闻发布会，我们在每年“426”宣传周开始以后都会有一场新闻发布会。在这样的发布会上，每

① 编者注：4月26日是世界知识产权日。

年都会公布知识产权十大案件和五十件典型案例。

我们主要是把具有共性的法律规则提炼出来，特别是解决疑难复杂和新类型案件提供参考。此外我还要给大家推荐一个，在2015年4月北京知识产权法院设立了最高人民法院知识产权案例指导研究北京基地，我们设立了三个基地，在北京重点研究指导性案例，让他们探索具有中国特色的案例指导制度。他们也取得了很大的成效，大家有兴趣可以专门到北京知识产权法院采访。谢谢。

问：从国际传播对外的角度来看，随着中国现在科技的进步，跟美国和欧洲这些大国科技领域包括知识产权领域的竞争和合作也越来越多、越来越深入。聚焦一下问题，就是中国和美国、欧洲这些先进的大国之间如何进行更好的竞争和合作？怎么样在此基础上更好保护知识产权，也保护他们的知识产权？

答：中国和西方的知识产权制度应该说既有相同性，又有差异性。我们加入了WTO，也加入了相关的公约，其中有一个非常重要的公约就叫TRIPS协定，对知识产权熟悉的人都知道，与贸易有关的知识产权协定，简称为“TRIPS”。加入这个协议之后，中国严格按照这个协议进行立法、执法和司法。到现在为止，中国建立了一套符合中国特色的知识产权法律体系和制度，这是从立法层面来讲。基本上我们该有的知识产权各方面的法律都有了。

同时，在执法和司法领域我们也做了很大努力，取得了很大的成就。在司法方面，大家是有目共睹的，从我刚才介绍的情况就已经知道了。但我们的制度又不能完全照搬西方，所以我们叫中国特色知识产权制度，有它的特色。包括在整个知识产权司法改革里，刚才介绍到北京知识产权法院，实际上我们建立了三个知识产权法院，北上广三家知识产权法院，这是西方国家可没有的。美国也好，其他的国家也好，他们都只有一家国家层面的法院。

您讲到的科技创新怎么帮助企业的问题，这是很有意思的问题。我在来最高人民法院之前曾经在广东省知识产权局当局长，当了六年。从政府的层面包括商务部在内都在积极的思考，帮助中国企业走出去里面有很多知识产权的问题。比如我们参加展会的时候就遇到很多知识产权的问题，我们一进展会他们就说这个东西侵权，要求撤架或者怎么样。所以，海外知识产权的援助和有关的机制的建立，我认为是重点思考的问题。将来在司法审判里、司法解释里都会给企业提供更多这方面的帮助。我们在制定司法解释的时候，也会听取代表性企业的意见，看看他们有什么重大利益需求和诉求，我们也会吸收他们的意见。希望通过这样的多渠道为科技创新、为企业“走出去”提供知识产权的帮助。

中国加入了很多国际公约，包括双边合作的一些司法方面的备忘录。首先，中国政府是严格遵守我们所加入或者是我们所承诺的国际公约和国际条约。第二，在司法审判中，我们始终坚持平等保护原则。第三，中国所作出的司法判决全部公开上网，实现公开和公正。从近五年来全国法院系统受理的知识产权案件来讲，涉外案件比例是比较高的，大概在20%左右，尤其是涉及美国和欧盟，特别是美国的知识产权在涉外案件中所占的比例比较高。我们历来都是倡导公开公平平等保护等原则。

问（国外媒体）：中国特色知识产权的理念中的“中国特色”一般会受到哪些因素的影响，在知识产权方面您有没有跟我们分享的国外的比较成功的案例影响到中国？

答：中国特色的知识产权制度是和整个中国特色社会主义制度是一脉相承的，是在这么大的背景下提中国特色社会主义知识产权制度。既然讲中国特色，中国特色的含义是非常丰富的。中国特色法治道路，第一，坚持党的领导毫不动摇，而且现在是非常响亮的回应。中国特色的知识产权制度肯定要坚持党的领导毫不动摇。

第二，我们也肯定要借鉴西方的成功经验。知识产权制度本身就是一个外来的概念，到了中国大陆翻译成为知识产权，我们有时候还在探讨这个翻译准不准。因为你看英文的“IP”，在我国台湾地区翻译的是“智慧产权”。所以我们经常讲知识是要保护的吗？知识人类是共同的啊，应该是智慧。所以我们有时候说台湾地区的翻译是不是更准确一点。知识产权法院应该就是借鉴和吸取西方成功经验然后中国化的一个非常典型的表现。

国外成功的案例对我们有没有借鉴呢，当然有。但我反过来告诉你，中国的很多知识产权案例反而是被国外充分的尊重和吸纳。其中最有名的一个案例就是我们王闯副庭长担任审判长审理的腾讯和360不正当竞争的案件。这个案件在整个互联网领域的影响力是不言而喻的。这个案子判决以后，美国和欧盟都觉得我们的判决非常有意义。这个案子判决以后，美国和欧盟在相关案子里面都承认和吸取我们的做法，我们为世界知识产权组织和国际知识产权规则的确立要贡献中国智慧和中国模式，我们觉得我们有这个能力去做。当然西方成功的案例和经验、做法我们也会充分的尊重和吸取。

问：从新闻中了解到，美国两大公司苹果和高通将专利的官司打到北京市知识产权法院。这个新闻引发了很多关注，刚才听您提到想打造当事人信赖的国际知识产权争端“优选地”，我们靠什么吸引当事人选择中国的法院打知识产权官司？

答：“优选地”这个说法不是我们心血来潮，也不是自封的，这是我们“四个自信”的充分表现。在 2017 年 7 月 7 号，有一个网站叫“美国外交学者”网站，有一篇文章叫“中国如何成为全球创新和知识产权的领导者”。它首先对中国知识产权法院的建设情况给予了高度评价，有这么一句话，“由于司法程序快捷，中国现在也被视为知识产权诉讼较为可取的诉讼地”。“优选地”靠什么？我套用一句非常通俗的话来说“打铁还需自身硬”，靠的就是我们高水平的审判质效。我对我们知识产权法官队伍是充满自信的，当然我们还要进一步提高。在《意见》里也提到了“要把加快知识产权审判体系和审判能力现代化”，要向这个目标迈进，作为改革的主要目标。下一步，要大力提高知识产权审判的质效，进一步提高知识产权法官队伍的能力和素质。在我们的案件里，收案案件平均在 20% 左右，北京知识产权法院已经高达 30% ，而且有时候双方当事人都是涉外，他们觉得北京知识产权法院可信，而且北京知识产权法院的法官专业素质很高，所以 30% 的案件都是涉外，而且很多时候双方当事人都是涉外。这从一个侧面说明境外的当事人权利人比以往更加愿意选择到中国，尤其是到知识产权法院进行诉讼。

另外，我们在对外交流方面也做了大量工作。刚才讲的第一个基地就是北京。下面，我给大家介绍第二个基地，我们在上海成立了“中国法院知识产权司法保护国际交流上海基地”。这个基地从 2014 年 9 月份设立，到现在一共和 5 家国际机构、组织举办了多场高层论坛。第一次跟世界法学家协会，第二次跟美国联邦巡回上诉法院律师协会，第三次是跟欧盟驻华使团，第四次是跟世界知识产权组织中国办事处。我参加了这四场，他们还有很多场，举办了多场这样的会议，取得了非常好的效果。

还有一个要跟大家特别强调，我们跟世界知识产权组织建立了战略性的合作关系。在 2017 年 5 月，我们周强首席大法官访问了世界知识产权组织，在世界知识产权组织总部和他们的总干事弗朗西斯·高瑞签订了合作备忘录，建立了双边的战略合作关系，目前这个合作正在纵深推广和加强。所有这些都表明我们有能力、有自信，也有事实来证明中国已经日益为国际知识产权诉讼的“优选地”。

问：关于“提高审判质量效率”，提高效率和保证质量怎么能达到平衡？

答：审判质量与效率，我们经常简称为“审判质效”，在《意见》里专门提到要提高审判质量和效率。我记得小平同志说“科技是第一生产力”，对于法院来说什么是第一生产力？我们叫“执法办案是人民法院工作的第一要务”。习近平总书记给我们提出“让人民群众在每一个司法案件中感受到公平正义”的目标。所以我们要确保案件审理的质量和效率，它是人民法院工作可以持续发展的生命线。通过一些数据来看看审判质效不断提高的情况。

2013 年全国法院一审案件 100800 件，到 2017 年这个数字达到 213480 件。什么概念？翻了一番还要多。年均增长超过 20%。在各类案件里知识产权案件的增长速度不是排第一就是排第二。尤其是 2017 年是非常有代表性的标志性一年，这一年是全国法院知识产权一审案件首次突破 20 万件大关，与 2016 年同期相比增长率达到 40.36%，创历史新高。但是知识产权法官的人数并没有得到很大的增长，审结的案件数和结案数大幅上升了，再审率和改判发回重审率双双下降，这是良性循环。

同时，在知识产权审判领域还引入了专业性人民陪审员，这样使整个审判质效大幅提升，通过多元化纠纷解决机制化解大量的案件。还有法官的专业性进一步提升对于整个审判质效提高也起了很大作用。

[司法解释、司法指导性文件与解读]

最高人民法院

关于人民法院通过互联网公开审判流程信息的规定

法释〔2018〕7号

(2018年2月12日由最高人民法院审判委员会第1733次会议通过 2018年3月4日最高人民法院公告公布 自2018年9月1日起施行)

为贯彻落实审判公开原则，保障当事人对审判活动的知情权，规范人民法院通过互联网公开审判流程信息工作，促进司法公正，提升司法公信，根据《中华人民共和国刑事诉讼法》《中华人民共和国民事诉讼法》《中华人民共和国行政诉讼法》《中华人民共和国国家赔偿法》等法律规定，结合人民法院工作实际，制定本规定。

第一条 人民法院审判刑事、民事、行政、国家赔偿案件的流程信息，应当通过互联网向参加诉讼的当事人及其法定代理人、诉讼代理人、辩护人公开。

人民法院审判具有重大社会影响案件的流程信息，可以通过互联网或者其他方式向公众公开。

第二条 人民法院通过互联网公开审判流程信息，应当依法、规范、及时、便民。

第三条 中国审判流程信息公开网是人民法院公开审判流程信息的统一平

台。各级人民法院在本院门户网站以及司法公开平台设置中国审判流程信息公开网的链接。

有条件的人民法院可以通过手机、诉讼服务平台、电话语音系统、电子邮箱等辅助媒介，向当事人及其法定代理人、诉讼代理人、辩护人主动推送案件的审判流程信息，或者提供查询服务。

第四条 人民法院应当在受理案件通知书、应诉通知书、参加诉讼通知书、出庭通知书中，告知当事人及其法定代理人、诉讼代理人、辩护人通过互联网获取审判流程信息的方法和注意事项。

第五条 当事人、法定代理人、诉讼代理人、辩护人的身份证件号码、律师执业证号、组织机构代码、统一社会信用代码，是其获取审判流程信息的身份验证依据。

当事人及其法定代理人、诉讼代理人、辩护人应当配合受理案件的人民法院采集、核对身份信息，并预留有效的手机号码。

第六条 人民法院通知当事人应诉、参加诉讼，准许当事人参加诉讼，或者采用公告方式送达当事人的，自完成其身份信息采集、核对后，依照本规定公开审判流程信息。

当事人中途退出诉讼的，经人民法院依法确认后，不再向该当事人及其法定代理人、诉讼代理人、辩护人公开审判流程信息。

法定代理人、诉讼代理人、辩护人参加诉讼或者发生变更的，参照前两款规定处理。

第七条 下列程序性信息应当通过互联网向当事人及其法定代理人、诉讼代理人、辩护人公开：

（一）收案、立案信息，结案信息；

（二）检察机关、刑罚执行机关信息，当事人信息；

（三）审判组织信息；

（四）审判程序、审理期限、送达、上诉、抗诉、移送等信息；

（五）庭审、质证、证据交换、庭前会议、询问、宣判等诉讼活动的时间和地点；

（六）裁判文书在中国裁判文书网的公布情况；

（七）法律、司法解释规定应当公开，或者人民法院认为可以公开的其他程序性信息。

第八条 回避、管辖争议、保全、先予执行、评估、鉴定等流程信息，应当通过互联网向当事人及其法定代理人、诉讼代理人、辩护人公开。

公开保全、先予执行等流程信息可能影响事项处理的，可以在事项处理完毕后公开。

第九条 下列诉讼文书应当于送达后通过互联网向当事人及其法定代理人、诉讼代理人、辩护人公开：

（一）起诉状、上诉状、再审申请书、申诉书、国家赔偿申请书、答辩状等诉讼文书；

（二）受理案件通知书、应诉通知书、参加诉讼通知书、出庭通知书、合议庭组成人员通知书、传票等诉讼文书；

（三）判决书、裁定书、决定书、调解书，以及其他有中止、终结诉讼程序作用，或者对当事人实体权利有影响、对当事人程序权利有重大影响的裁判文书；

（四）法律、司法解释规定应当公开，或者人民法院认为可以公开的其他诉讼文书。

第十条 庭审、质证、证据交换、庭前会议、调查取证、勘验、询问、宣判等诉讼活动的笔录，应当通过互联网向当事人及其法定代理人、诉讼代理人、辩护人公开。

第十一条 当事人及其法定代理人、诉讼代理人、辩护人申请查阅庭审录音录像、电子卷宗的，人民法院可以通过中国审判流程信息公开网或者其他诉讼服务平台提供查阅，并设置必要的安全保护措施。

第十二条 涉及国家秘密，以及法律、司法解释规定应当保密或者限制获取的审判流程信息，不得通过互联网向当事人及其法定代理人、诉讼代理人、辩护人公开。

第十三条 已经公开的审判流程信息与实际情况不一致的，以实际情况为准，受理案件的人民法院应当及时更正。

已经公开的审判流程信息存在本规定第十二条列明情形的，受理案件的人民法院应当及时撤回。

第十四条 经受送达人书面同意，人民法院可以通过中国审判流程信息公开网向民事、行政案件的当事人及其法定代理人、诉讼代理人电子送达除判决书、裁定书、调解书以外的诉讼文书。

采用前款方式送达的，人民法院应当按照本规定第五条采集、核对受送达人的身份信息，并为其开设个人专用的即时收悉系统。诉讼文书到达该系统的日期为送达日期，由系统自动记录并生成送达回证归入电子卷宗。

已经送达的诉讼文书需要更正的，应当重新送达。

第十五条 最高人民法院监督指导全国法院审判流程信息公开工作。高级、中级人民法院监督指导辖区法院审判流程信息公开工作。

各级人民法院审判管理办公室或者承担审判管理职能的其他机构负责本院审判流程信息公开工作，履行以下职责：

（一）组织、监督审判流程信息公开工作；

（二）处理当事人及其法定代理人、诉讼代理人、辩护人对审判流程信息公开工作的投诉和意见建议；

（三）指导技术部门做好技术支持和服务保障；

（四）其他管理工作。

第十六条 公开审判流程信息的业务规范和技术标准，由最高人民法院另行制定。

第十七条 本规定自2018年9月1日起施行。最高人民法院以前发布的司法解释和规范性文件与本规定不一致的，以本规定为准。

最高人民法院审管办负责人就《最高人民法院关于人民法院通过互联网公开审判流程信息的规定》答记者问

问：为什么要制定《最高人民法院关于人民法院通过互联网公开审判流程信息的规定》（以下简称《规定》）？

答：2013年11月，最高人民法院印发《关于推进司法公开三大平台建设的若干意见》（法发〔2013〕13号，以下简称《若干意见》），明确提出“推进审判流程信息公开平台建设”的工作任务。此后，全国各级人民法院全面开始了这一领域的探索与实践。

2014 年 8 月 1 日，“中国审判流程信息公开网”上线试运行，《最高人民法院审判审判流程信息公开暂行办法》印发施行，最高人民法院审理案件的审判流程信息，包括案件基本情况、审判组织情况、案件进展情况、以及起诉状、答辩状、庭审记录、裁判文书等实体材料，即日起依托网上办案平台实现自动、同步向当事人及其诉讼代理人公开。11 月 13 日，该网站正式开通。在最高人民法院的大力推动下，截至 2015 年底，全国各高级人民法院普遍建成本辖区三级法院统一的审判流程信息公开平台，并与中国审判流程信息公开网建立了链接，初步实现“一个入口查看全国法院所有在办案件流程信息”。

由于审判流程信息具有内容庞杂、动态多变、时效性强等特点，与裁判文书公开、庭审公开、执行信息公开相比，审判流程信息公开对人民法院的司法能力、制度设计、平台搭建等方面提出了更高的要求。2013 年以来，《若干意见》对指导推进全国法院开展审判流程信息公开工作发挥了重要作用，各地法院审判流程信息公开平台从无到有、不断优化。随着人民法院司法公开全面走向深入，审判流程信息公开工作所处的社会环境和面临的主要问题已经发生重大改变：《若干意见》制定时，人民法院审判流程信息公开工作尚处于探索时期，没有对向公众公开审判政务信息与向当事人公开审判流程信息进行区分，公开内容也只是原则性地列举了四类。加之缺少全国统一、内容明确、操作性强的审判流程信息公开业务标准，“选择性公开”的问题一定程度上普遍存在，有些地方法院审判流程信息公开工作基本没有开展或流于形式，参与诉讼群众的知情权不能得到充分满足，容易对审判活动产生不必要的猜疑、误解，既影响当事人的诉讼权利和司法体验，也严重损害司法公开政策的严肃性，制约了审判流程公开工作的整体效果。出台关于审判流程信息公开工作的专门规范性文件的需求日益迫切。

随着互联网技术的迅速普及和高速发展，“互联网 +”模式正在深刻影响并改变着社会生活的方方面面。近些年，最高人民法院相继建成了全国法院统一的司法公开四大平台，各级人民法院审判执行、诉讼服务的信息化、智能化、现代化水平不断提升，“互联网 + 司法”理念逐渐深化，为人民法院更好地实现司法职能提供了更多的路径选择。各级人民法院必须从理念上主动适应互联网规则，运用信息化手段巩固司法改革成果、落实司法责任制要求、加强审判监督和审判管理，深入推进司法公开，全面落实司法为民，实现“努力让人民群众在每一个司法案件中感受到公平正义”的目标。

《规定》的起草工作正是在上述背景下进行的，特别突出了“通过互联网公开”审判流程信息这一显著特点，既是对过去几年各地法院审判流程信息公开工作的经验总结和制度确认，又是新时代背景下人民法院为满足人民群众多元司法需求所做的新思考和新尝试。

问：《规定》起草的指导思想是什么？

答：《规定》起草遵循以下指导思想：

一是以公开为原则、不公开为例外。我国宪法和法律确立了公开审判的基本制度。审判流程是各方主体实施诉讼行为的客观反映，也是当事人与人民法院之间实现信息交互的重要载体，当事人能否全面、及时获得审判过程性信息，直接关乎其诉讼权利能否充分、有效行使。《规定》明确了审判流程信息公开的范围、方式和程序，除极特殊情况外，人民法院应当通过互联网向当事人公开一切依法应当公开的审判流程信息。

二是切实满足人民群众多元司法需求。审判过程是否公开、透明，直接影响着人民群众对最终裁判结果的信服程度。由于复杂的主客观原因，当前人民法院审判流程信息公开的内容不够丰富、渠道不够畅通、更新不够及时，各地法院审判流程信息公开工作发展不平衡，与人民群众日益增长的司法需求存在一定差距。《规定》的起草，坚持以习近平新时代中国特色社会主义思想为指导，紧紧围绕“努力让人民群众在每一个司法案件中感受到公平正义”的目标，聚焦解决人民群众日益增长的司法需求与人民法院工作发展不平衡、保障群众权益不充分之间的矛盾，坚持问题导向、需求导向、效果导向，突出不断丰富公开内容、不断创新公开形式两条主线，进一步做好司法领域供给侧改革，切实保障人民群众对审判活动的知情权、参与权和监督权。

三是立足审判工作实际。审判流程信息公开内容的设计，应当与审判工作紧密结合，既要符合法律规定，也要尊重司法规律。通过对比刑事、民事、行政、国家赔偿四大专业类型案件的审判程序，《规定》确定了应当公开的四大类二十余小类重要审判流程信息，并结合当前司法实务，对以往公开过程中亟待明确的问题作出了回应。同时，最高人民法院已经根据《规定》第十六条，编制了常见案件类型的审判流程信息清单，将作为《规定》的配套业务指导文件下发全国法院试行，使《规定》具有更强的可操作性。

四是强化统一管理，鼓励特色创新。目前，全国法院审判流程信息公开工作呈现高院为主、分头发展的模式，各地法院工作理念和信息化水平的不平衡决定了最终公开效果存在较大差异。《规定》着眼于全国统一要求，为审判流程信息公开建章立制，确保此项工作始终沿着规范化、标准化的轨道稳健、有序运行，既坚持统一标准、整体推进，又适当兼顾地方实际、留有余地，为地方法院运用创新思维、突出区域特色、发挥技术优势，深入拓展本辖区审判流程信息公开工作留下了空间。

问：《规定》的主要内容有哪些？

答：《规定》共十七条，分别规定了审判流程信息公开的基本原则、审判流程信息公开平台的定位、诉讼参与人身份信息的采集与核对、特殊情况下的公开规则、通过互联网公开的审判流程信息的范围、依托审判流程信息公开平台进行电子送达的规则与效力、已公开审判流程信息的更正与撤回、审判流程信息公开工作督导机制。

《规定》着重就以下三个方面作出了制度安排：

一是明确界定应当公开的审判流程信息的范围。针对当前全国法院审判流程信息公开的内容缺少统一标准的突出问题，《规定》用四个条文将应当公开的审判流程信息划分为程序性信息、处理诉讼事项的流程信息、诉讼文书、笔录等四大类二十余小类，遵循从立案到结案的业务逻辑，力求覆盖全面、突出重点。

二是依托中国审判流程信息公开网开展电子送达。实践中，各地法院多将电子送达与审判流程信息公开两项工作结合开展，从域外经验看，电子通知亦被作为司法公开网站不可分割的组成部分。《规定》根据《民事诉讼法》及其司法解释有关条文，在严格采集、核对诉讼参与人身份信息以及受送达人知情、同意的前提下，允许各级人民法院依托中国审判流程信息公开网向民事、行政案件的诉讼参与人“点对点”电子送达诉讼文书。审判流程信息推送与诉讼文书电子送达相结合，节约了诉讼成本、提升了审判效率，让审判流程信息公开的逻辑链条更加完整、严密。

三是进一步理顺审判流程信息公开工作机制。从全国范围看，审判流程信息公开工作的责任主体尚不明确，存在多头管理、权责不清、沟通不畅等问题，不利于上级人民法院对下级人民法院、本院对内设各部门开展业务指导和督促检查，影响工作质效。为此，《规定》第十五条明确了不同层级人民法院、人民法院不同内设机构的职能定位和职责清单，层层压实责任，加强统筹协调，注重资源整合，扎实有序推进审判流程信息公开工作。

问：《规定》的公开对象有哪些？

答：与人民法院政务信息公开、裁判文书公开、庭审公开的对象为不特定的社会公众不同，审判流程信息公开侧重于维护当事人在审判活动中的主体地位，保障和便利当事人行使诉讼活动知情权、参与权、监督权。《规定》在引言部分，开宗明义地指出，审判流程信息公开最为直接的目的是“保障当事人对审判活动的知情权”，第一条第一款也指出，公开对象是“参加诉讼的当事人及其法定代理人、诉讼代理人、辩护人”。

近年来，公众、媒体对于一些社会影响大、群众关注度高的重大案件审判动态的知情需求较为强烈，将此类信息公开，不仅是人民法院积极回应社会关切、自觉接受社会监督的有力举措，也是履行普法职责、上好全民“法治公开课”的重要渠道，因此，《规定》第一条第二款明确，“具有重大社会影响案件”的审判流程信息可以向公众公开。

鉴于我国法学理论界、司法实务部门尚未就具体案件的审判流程信息能否普遍地、常态化地向公众公开达成共识，相关制度规则和理论研究亦不完备，当前阶段，《规定》着重围绕向当事人公开审判流程信息所作的制度安排，是符合我国现实国情的。下步，最高人民法院将积极开展有关调研工作，适时研究制定向公众公开审判流程信息的制度文件。

问：审判流程信息公开的范围有哪些？

答：《若干意见》规定，立案信息、合议庭组成人员信息，庭审时间、审理期限、审限变更、诉讼程序变更等节点信息，以及送达、管辖权处理、财产保全和先予执行情况等四大类审判流程信息，应当自案件受理之日起向当事人公开。这一规定是在2013年人民法院审判流程信息公开工作刚刚起步的背景下作出的。随着实务界对审判流程信息内涵的认识水平不断提高，以及信息技术进步为精细化拆解审判活动各个环节提供了实现可能，在《若干意见》基础上重新整理归纳应予公开的审判流程信息成为《规定》的首要任务。

《规定》用第七条至第十条共四个条文界定了“审判流程信息”的范围，相较于《若干意见》原有公开内容作了较大幅度调整，涵盖了从收立案阶段到宣判阶段的各个审判环节，包括程序性信息（通常又称“节点信息”，是传统观念上的审判流程信息）、处理诉讼事项的流程信息、诉讼文书、笔录等四大类二十余小类。鉴于这些信息本质上都是对审判活动的客观记录，我们将其纳入了审判流程信息公开的范畴。特别是诉讼文书、笔录将在《规定》施行后随案公开，当事人不必再等到案件审结后以申请查阅归档卷宗方式获得。公开内容由节点信息向实体材料进一步延伸，促进了审判流程信息公开更趋实质化。

公开不必盲目地以“点多”“量多”取胜，而应以“依法”“必要”为限度。审判流程信息公开不是毫无原则的一律公开，根据《规定》第十二条，涉及国家秘密以及法律、司法解释规定应当保密、限制获取的审判流程信息，不得通过互联网公开。其中，国家秘密关乎国家安全和国家利益，此类审判流程信息不宜在互联网流转，如果法律、司法解释并未禁止当事人获取，则可以通过互联网以外的途径向当事人公开。在划定国家秘密以外的其他不得公开的审判流程信息范围上，第十二条并未直接列举而是援引法律、司法解释，随着未来法律、司法解释内容调整，不公开范围也会随之改变，这样的条文设计增强了《规定》的适应能力。《规定》将不公开范围严格限缩在“有法可依”的前提下，最大限度限缩了解释空间，可以有效杜绝“选择性公开”现象。

问：为落实《规定》各项要求，最高人民法院做了哪些技术准备？

答：2016年下半年，最高人民法院启动了对中国审判流程信息公开网进行全面升级改造的工作。升级后，网站已成为全国法院审理案件的审判流程信息的集中汇聚、统一发布平台，为全国法院审判案件的当事人提供“一站式”的公开服务，是全国法院审判流程信息公开的主渠道。

为进一步创新审判流程信息公开形式，向人民群众提供更加高效、优质、便利的公开服务，最高人民法院还专门开通了“中国审判流程信息公开”微信服务号和小程序，支持通过微信及时向当事人“点对点”推送审判流程消息。

2018年2月下旬，河北、江苏、青海、宁夏三级法院作为首批试点法院已陆续开始通过统一平台、12368短信、微信服务号和小程序向当事人公开新收案件的审判流程信息。其他地区法院将于《规定》发布后，立即着手开展相关准备工作，加紧完成与中国审判流程信息公开网后台的对接。《规定》自今年9月1日起施行。届时，全国各级人民法院将按照统一标准、通过统一平台公开审判流程信息。在加快建设智慧法院的背景下，新版中国审判流程信息公开网的启用，为《规定》各项要求落地见效奠定了坚实基础。

人民法院办理执行案件规范

（第902条～第934条）

第二十五章 执行异议案件

第一节 执行行为异议

902.【执行行为异议的一般规定】

执行过程中，当事人、利害关系人认为执行法院的执行行为违反法律或司法解释规定的，可以向执行法院提出执行行为异议。①

执行法院审查处理执行行为异议，应当自收到书面异议之日起十五日内作出裁定。②

903.【执行行为异议的形式要件】

异议人提出执行行为异议，应当向人民法院提交申请书。申请书应当载明具体的异议请求、事实、理由等内容，并附下列材料：

（一）异议人的身份证明；

（二）相关证据材料；

（三）送达地址和联系方式。③

---

① 参照《中华人民共和国民事诉讼法》（2012年8月31日第二次修正）第二百二十五条，《最高人民法院关于适用〈中华人民共和国民事诉讼法〉执行程序若干问题的解释》（法释〔2008〕13号）第五条第一款。

② 参照《中华人民共和国民事诉讼法》（2012年8月31日第二次修正）第二百二十五条，《最高人民法院关于适用〈中华人民共和国民事诉讼法〉执行程序若干问题的解释》（法释〔2008〕13号）第五条第二款。

③ 参照《最高人民法院关于人民法院办理执行异议和复议案件若干问题的规定》（法释〔2015〕10号）第一条。

904.【执行行为异议的提出时间】

当事人、利害关系人依照民事诉讼法第二百二十五条规定提出异议的，应当在执行程序终结之前提出[①]，但对终结执行措施提出异议的除外。[②]

当事人、利害关系人对终结执行行为[③]提出异议的，应当自收到终结执行法律文书之日起六十日内提出；未收到法律文书的，应当自知道或者应当知道人民法院终结执行之日起六十日内提出。[④]

905.【执行行为异议的立案】

执行行为异议符合民事诉讼法第二百二十五条规定条件的，人民法院应当在三日内立案。不符合受理条件的，裁定不予受理；立案后发现不符合受理条件的，裁定驳回申请。

执行行为异议申请材料不齐备的，人民法院应当一次性告知异议人在三日内补足，逾期未补足的，不予受理。

异议人对不予受理或者驳回申请裁定不服的，可以自裁定送达之日起十日内向上一级人民法院申请复议。[⑤]

906.【消极立案、审查的救济】

执行法院收到执行行为异议后三日内既不立案又不作出不予受理裁定，或者受理后无正当理由超过法定期限不作出异议裁定的，异议人可以向上一级人民法院提出异议。上一级人民法院审查后认为理由成立的，应当指令执行法院在三日内立案或者在十五日内作出异议裁定。[⑥]

907.【通知异议人和相关当事人】

---

① 执行程序终结后，当事人、利害关系人认为执行法院的执行行为违反法律或司法解释规定，可以向执行法院或上级法院申诉。执行法院或上级法院认为情况属实的，可以按照执行监督程序处理。

② 《最高人民法院关于人民法院办理执行异议和复议案件若干问题的规定》（法释〔2015〕10号）第六条第一款。

③ 可以提出异议的终结执行行为，包括执行完毕、终结本次执行程序、终结执行、销案。

④ 参照《最高人民法院关于对人民法院终结执行行为提出执行异议期限问题的批复》（法释〔2016〕3号）。

⑤ 参照《最高人民法院关于人民法院办理执行异议和复议案件若干问题的规定》（法释〔2015〕10号）第二条。

⑥ 参照《最高人民法院关于人民法院办理执行异议和复议案件若干问题的规定》（法释〔2015〕10号）第三条。

人民法院应当在执行行为异议案件立案后三日内通知异议人和相关当事人。①

908.【执行法院变更后的异议审查】

执行案件被指定执行、提级执行、委托执行后，当事人、利害关系人对原执行法院的执行行为提出异议的，由提出异议时负责该案件执行的人民法院审查处理；受指定或者受委托的人民法院是原执行法院的下级人民法院的，仍由原执行法院审查处理。②

909.【利害关系人的范围】

有下列情形之一的，当事人以外的公民、法人和其他组织，可以作为利害关系人提出执行行为异议：

（一）认为人民法院的执行行为违法，妨碍其轮候查封、扣押、冻结的债权受偿的；

（二）认为人民法院的拍卖措施违法，妨碍其参与公平竞价的；

（三）认为人民法院的拍卖、变卖或者以物抵债措施违法，侵害其对执行标的的优先购买权的；

（四）认为人民法院要求协助执行的事项超出其协助范围或者违反法律规定的；

（五）认为其他合法权益受到人民法院违法执行行为侵害的。③

910.【执行行为的范围】

当事人、利害关系人认为执行过程中或者执行保全、先予执行裁定过程中的下列行为违法提出异议的，人民法院应当依照民事诉讼法第二百二十五条规定进行审查：

（一）查封、扣押、冻结、拍卖、变卖、以物抵债、暂缓执行、中止执行、终结执行等执行措施；

（二）执行的期间、顺序等应当遵守的法定程序；

---

① 参照《最高人民法院关于人民法院办理执行异议和复议案件若干问题的规定》（法释〔2015〕10号）第二条第一款。

② 《最高人民法院关于人民法院办理执行异议和复议案件若干问题的规定》（法释〔2015〕10号）第四条第一款。

③ 《最高人民法院关于人民法院办理执行异议和复议案件若干问题的规定》（法释〔2015〕10号）第五条。

（三）人民法院作出的侵害当事人、利害关系人合法权益的其他行为。①

911.【2008年4月1日前后的执行行为】

当事人、利害关系人根据民事诉讼法第二百二十五条的规定，提出异议或申请复议，只适用于发生在2008年4月1日后作出的执行行为；对于2008年4月1日前发生的执行行为，当事人、利害关系人可以依法提起申诉，按监督案件处理。②

912.【再次提出异议的处理】

当事人、利害关系人对同一执行行为有多个异议事由，但未在异议审查过程中一并提出，撤回异议或者被裁定驳回异议后，再次就该执行行为提出异议的，人民法院不予受理。③

913.【执行实施机构的配合】

执行审查机构在审查执行行为异议案件过程中，根据案情需要可以向执行实施机构了解案件情况或者调取卷宗。

914.【执行行为异议的审查处理】

人民法院对执行行为异议，经审查应当按照下列情形，分别处理：

（一）异议不成立的，裁定驳回异议④；

（二）异议成立的，裁定撤销相关执行行为；

（三）异议部分成立的，裁定变更相关执行行为；

（四）异议成立或者部分成立，但执行行为无撤销、变更内容的，裁定异议成立或者相应部分异议成立。⑤

915.【申请复议权及其载明】

当事人、利害关系人对执行行为异议裁定不服的，可以自裁定送达之日起十日内向上一级人民法院申请复议。⑥

---

①《最高人民法院关于人民法院办理执行异议和复议案件若干问题的规定》（法释〔2015〕10号）第七条第一款。

② 参照《最高人民法院关于执行工作中正确适用修改后第202条、第204条规定的通知》（法明传〔2008〕1223号）。

③《最高人民法院关于人民法院办理执行异议和复议案件若干问题的规定》（法释〔2015〕10号）第十五条第一款。

④ 发现不符合受理条件的，裁定驳回异议申请；经审查异议不成立的，裁定驳回异议请求。

⑤《最高人民法院关于人民法院办理执行异议和复议案件若干问题的规定》（法释〔2015〕10号）第十七条。

⑥ 参照《中华人民共和国民事诉讼法》（2012年8月31日第二次修正）第二百二十五条。

人民法院依照民事诉讼法第二百二十五条规定作出裁定时，应当告知相关权利人申请复议的权利和期限。①

916.【执行行为异议审查期间的执行】

执行行为异议审查期间，不停止执行。

被执行人、利害关系人提供充分、有效的担保请求停止相应处分措施的，人民法院可以准许；申请执行人提供充分、有效的担保请求继续执行的，应当继续执行。②

917.【执行行为异议与案外人异议同时提出的处理】

案外人基于实体权利既对执行标的提出排除执行异议又作为利害关系人提出执行行为异议的，人民法院应当依照民事诉讼法第二百二十七条规定进行审查。

案外人既基于实体权利对执行标的提出排除执行异议又作为利害关系人提出与实体权利无关的执行行为异议的，人民法院应当分别依照民事诉讼法第二百二十七条和第二百二十五条规定进行审查。③

918.【执行行为异议与案外人异议相混淆的处理】

人民法院在审查过程中发现第三人对执行行为提出异议，但其主张的实质内容是对执行标的主张实体权利以对抗执行的，应当告知第三人变更其异议请求的内容和理由，第三人拒不变更的，依照民事诉讼法第二百二十七条的规定处理。

919.【案件受理异议的审查处理】

被执行人认为执行案件不符合受理条件而提出异议，或者虽针对执行通知、执行裁定书等提出异议，但实质是认为执行案件不符合受理条件的，执行审查机构应当参照执行行为异议的规定进行审查。理由成立的，裁定异议成立，并驳回申请执行人的执行申请，已经采取执行措施的，予以纠正；理由不成立的，裁定驳回异议。

异议审查和复议期间不停止执行。

---

① 《最高人民法院关于人民法院办理执行异议和复议案件若干问题的规定》（法释〔2015〕10号）第十六条第一款。

② 参照《最高人民法院关于适用〈中华人民共和国民事诉讼法〉执行程序若干问题的解释》（法释〔2008〕13号）第十条。

③ 《最高人民法院关于人民法院办理执行异议和复议案件若干问题的规定》（法释〔2015〕10号）第八条。

920.【执行管辖异议的审查处理】

人民法院受理执行申请后，当事人对管辖权有异议的，应当自收到执行通知书之日起十日内提出。[①]

对当事人提出的异议，执行审查机构应当参照执行行为异议的规定进行审查。异议成立的，应当撤销执行案件，并告知当事人向有管辖权的人民法院申请执行[②]；异议不成立的，裁定驳回。当事人对裁定不服的，可以向上一级人民法院申请复议。[③] 人民法院作出裁定时，应当告知相关权利人申请复议的权利和期限。[④]

管辖权异议审查和复议期间，不停止执行。[⑤]

921.【债务人实体异议的审查处理】[⑥]

被执行人以债权消灭、丧失强制执行效力[⑦]等执行依据生效之后的实体事由提出排除执行异议的，人民法院应当参照民事诉讼法第二百二十五条规定进行审查。[⑧]

除本规范第922条规定的抵销情形外，被执行人以执行依据生效之前的实体事由提出排除执行异议的，人民法院应当告知其依法申请再审或者通过其他

① 《最高人民法院关于适用〈中华人民共和国民事诉讼法〉执行程序若干问题的解释》（法释〔2008〕13号）第三条第一款。

② 撤销执行案件后，执行实施机构应当参照本规范第10条的规定处理。

③ 参照《最高人民法院关于适用〈中华人民共和国民事诉讼法〉执行程序若干问题的解释》（法释〔2008〕13号）第三条第二款，《最高人民法院关于执行案件立案、结案若干问题的意见》（法发〔2014〕26号）第九条第三项。

④ 参照《最高人民法院关于人民法院办理执行异议和复议案件若干问题的规定》（法释〔2015〕10号）第十六条第三款。

⑤ 《最高人民法院关于适用〈中华人民共和国民事诉讼法〉执行程序若干问题的解释》（法释〔2008〕13号）第三条第三款。

⑥ 对债务人异议审查时，一般应进行听证。

⑦ 《最高人民法院关于执行案件立案、结案规定若干问题的意见》第九条规定："下列案件，人民法院应当按照执行异议案件予以立案：……（五）被执行人以债权消灭、超过申请执行期间或者其他阻止执行的实体事由提出阻止执行的；……"被执行人对申请执行时效期间提出异议，异议审查时应注意本规范第28条的规定，异议成立的，裁定不予执行；异议不成立的，裁定驳回异议。当事人对该裁定不服，可以依据民事诉讼法第二百二十五条的规定向上一级人民法院申请复议。

⑧ 《最高人民法院关于人民法院办理执行异议和复议案件若干问题的规定》（法释〔2015〕10号）第七条第二款。

程序解决。①

发生法律效力的异议或复议裁定确认债务已经消灭或部分消灭的，执行实施机构应当依此确定应执行的标的额。已执行标的额超过应执行标的额的，应当责令申请执行人退回相应案款，拒不退回的，予以强制执行。

922.【债务抵销的审查处理】

当事人互负到期债务，被执行人请求抵销，请求抵销的债务符合下列情形的，除依照法律规定或者按照债务性质不得抵销的以外，人民法院应予支持：

（一）已经生效法律文书确定或者经申请执行人认可；

（二）与被执行人所负债务的标的物种类、品质相同。②

第二节　案外人异议

923.【案外人异议的一般规定】

执行过程中，案外人对执行标的主张所有权或者有其他足以排除执行标的转让、交付的实体权利的，可以向执行法院提出案外人异议。③

对案外人提出的异议，人民法院应当自收到书面异议之日起十五日内审查。④

924.【案外人异议的形式要件】

异议人提出案外人异议，应当向人民法院提交申请书。申请书应当载明具体的异议请求、事实、理由等内容，并附下列材料：

（一）异议人的身份证明；

（二）相关证据材料；

（三）送达地址和联系方式。⑤

925.【案外人异议的提出时间】

---

① 参照《最高人民法院关于人民法院办理执行异议和复议案件若干问题的规定》（法释〔2015〕10号）第七条第三款。

② 《最高人民法院关于人民法院办理执行异议和复议案件若干问题的规定》（法释〔2015〕10号）第十九条。

③ 参照《中华人民共和国民事诉讼法》（2012年8月31日第二次修正）第二百二十七条，《最高人民法院关于适用〈中华人民共和国民事诉讼法〉执行程序若干问题的解释》（法释〔2008〕13号）第五条。

④ 参照《中华人民共和国民事诉讼法》（2012年8月31日第二次修正）第二百二十七条。

⑤ 参照《最高人民法院关于人民法院办理执行异议和复议案件若干问题的规定》（法释〔2015〕10号）第一条。

案外人依照民事诉讼法第二百二十七条规定提出异议的，应当在异议指向的执行标的执行终结之前提出；执行标的由当事人受让的，应当在执行程序终结之前提出。[①]

926.【案外人异议的立案】

案外人异议符合民事诉讼法第二百二十七条规定条件的，人民法院应当在三日内立案。不符合受理条件的，裁定不予受理；立案后发现不符合受理条件的，裁定驳回申请。

案外人异议申请材料不齐备的，人民法院应当一次性告知异议人在三日内补足，逾期未补足的，不予受理。

异议人对不予受理或者驳回申请裁定不服的，可以自裁定送达之日起十日内向上一级人民法院申请复议。[②]

927.【消极立案、审查的救济】

执行法院收到案外人异议后三日内既不立案又不作出不予受理裁定，或者受理后无正当理由超过法定期限不作出异议裁定的，异议人可以向上一级人民法院提出异议。上一级人民法院审查后认为理由成立的，应当指令执行法院在三日内立案或者在十五日内作出异议裁定。[③]

928.【通知异议人和相关当事人】

人民法院应当在案外人异议案件立案后三日内通知异议人和相关当事人。[④]

929.【执行法院变更后的异议审查】

执行案件被指定执行、提级执行、委托执行后，案外人对原执行法院的执行标的提出异议的，由提出异议时负责该案件执行的人民法院审查处理；受指定或者受委托的人民法院是原执行法院的下级人民法院的，仍由原执行法院审

---

① 《最高人民法院关于人民法院办理执行异议和复议案件若干问题的规定》（法释〔2015〕10号）第六条第二款。

② 参照《最高人民法院关于人民法院办理执行异议和复议案件若干问题的规定》（法释〔2015〕10号）第二条。

③ 参照《最高人民法院关于人民法院办理执行异议和复议案件若干问题的规定》（法释〔2015〕10号）第三条。

④ 参照《最高人民法院关于人民法院办理执行异议和复议案件若干问题的规定》（法释〔2015〕10号）第二条第一款。

查处理。①

首先查封、扣押、冻结法院将财产移送其他法院执行后，案外人对该财产提出异议的，参照前款规定审查处理。

930.【再次提出异议的处理】

案外人撤回异议或者被裁定驳回异议后，再次就同一执行标的提出异议的，人民法院不予受理。②

931.【执行实施机构的配合】

执行审查机构在审查案外人异议案件过程中，根据案情需要可以向执行实施机构了解案件情况或者调取卷宗。

932.【案外人异议案件的审查内容】

对案外人提出的排除执行异议，人民法院应当审查下列内容：

（一）案外人是否系权利人；

（二）该权利的合法性与真实性；

（三）该权利能否排除执行。③

933.【权利人的判断标准】

对案外人的异议，人民法院应当按照下列标准判断其是否系权利人：

（一）已登记的不动产，按照不动产登记簿判断；未登记的建筑物、构筑物及其附属设施，按照土地使用权登记簿、建设工程规划许可、施工许可等相关证据判断；

（二）已登记的机动车、船舶、航空器等特定动产，按照相关管理部门的登记判断；未登记的特定动产和其他动产，按照实际占有情况判断；

（三）银行存款和存管在金融机构的有价证券，按照金融机构和登记结算机构登记的账户名称判断；有价证券由具备合法经营资质的托管机构名义持有的，按照该机构登记的实际投资人账户名称判断；

（四）股权按照工商行政管理机关的登记和企业信用信息公示系统公示的信息判断；

---

① 参照《最高人民法院关于人民法院办理执行异议和复议案件若干问题的规定》（法释〔2015〕10号）第四条第二款。

② 《最高人民法院关于人民法院办理执行异议和复议案件若干问题的规定》（法释〔2015〕10号）第十五条第二款。

③ 《最高人民法院关于人民法院办理执行异议和复议案件若干问题的规定》（法释〔2015〕10号）第二十四条。

（五）其他财产和权利，有登记的，按照登记机构的登记判断；无登记的，按照合同等证明财产权属或者权利人的证据判断。

案外人依据另案生效法律文书提出排除执行异议，该法律文书认定的执行标的权利人与依照前款规定得出的判断不一致的，依照本规范第934条规定处理。[①]

934.【另案生效法律文书排除执行异议的处理】

金钱债权执行中，案外人依据执行标的被查封、扣押、冻结前作出的另案生效法律文书提出排除执行异议，人民法院应当按照下列情形，分别处理：

（一）该法律文书系就案外人与被执行人之间的权属纠纷以及租赁、借用、保管等不以转移财产权属为目的的合同纠纷，判决、裁决执行标的归属于案外人或者向其返还执行标的且其权利能够排除执行的，应予支持；

（二）该法律文书系就案外人与被执行人之间除前项所列合同之外的债权纠纷，判决、裁决执行标的归属于案外人或者向其交付、返还执行标的的，不予支持；

（三）该法律文书系案外人受让执行标的的拍卖、变卖成交裁定或者以物抵债裁定且其权利能够排除执行的，应予支持。

金钱债权执行中，案外人依据执行标的被查封、扣押、冻结后作出的另案生效法律文书提出排除执行异议的，人民法院不予支持。

非金钱债权执行中，案外人依据另案生效法律文书提出排除执行异议，该法律文书对执行标的权属作出不同认定的，人民法院应当告知案外人依法申请再审或者通过其他程序解决。

申请执行人或者案外人不服人民法院依照本条第一、二款规定作出的裁定，可以依照民事诉讼法第二百二十七条规定提起执行异议之诉。[②]

---

① 参照《最高人民法院关于人民法院办理执行异议和复议案件若干问题的规定》（法释〔2015〕10号）第二十五条。

② 《最高人民法院关于人民法院办理执行异议和复议案件若干问题的规定》（法释〔2015〕10号）第二十六条。

[部门规章、规章性文件与解读]

国家发展改革委　中央文明办　最高人民法院　财政部
人力资源社会保障部　税务总局　证监会　铁路总公司

关于在一定期限内适当限制特定严重失信人乘坐火车　推动社会信用体系建设的意见

2018年3月2日　　　　发改财金〔2018〕384号

各省、自治区、直辖市、新疆生产建设兵团社会信用体系建设牵头单位、文明办、高级人民法院、财政厅（局）、人力资源社会保障厅（局）、国家税务局、地方税务局，中国证监会各派出机构，铁路运输企业、铁科院、各铁路公安局：

为深入学习贯彻习近平新时代中国特色社会主义思想和党的十九大精神，落实习近平总书记关于构建“一处失信、处处受限”信用惩戒大格局的重要指示，按照《国务院关于建立完善守信联合激励和失信联合惩戒制度加快推进社会诚信建设的指导意见》（国发〔2016〕33号）要求，防范部分旅客违法失信行为对铁路运行安全的不利影响，进一步加大对其他领域严重违法失信行为的惩戒力度，现就限制特定严重失信人乘坐火车提出以下意见。

一、限制范围

（一）严重影响铁路运行安全和生产安全有关的行为责任人被公安机关处罚或铁路站车单位认定的

1. 扰乱铁路站车运输秩序且危及铁路安全、造成严重社会不良影响的；

2. 在动车组列车上吸烟或者在其他列车的禁烟区域吸烟的；

3. 查处的倒卖车票、制贩假票的；

4. 冒用优惠（待）身份证件、使用伪造或无效优惠（待）身份证件购票乘车的；

5. 持伪造、过期等无效车票或冒用挂失补车票乘车的；

6. 无票乘车、越站（席）乘车且拒不补票的；

7. 依据相关法律法规应予以行政处罚的。

对上述行为责任人限制乘坐火车。

（二）其他领域的严重违法失信行为有关责任人

1. 有履行能力但拒不履行的重大税收违法案件当事人；

2. 在财政性资金管理使用领域中存在弄虚作假、虚报冒领、骗取套取、截留挪用、拖欠国际金融组织和外国政府到期债务的严重失信行为责任人；

3. 在社会保险领域中存在以下情形的严重失信行为责任人：用人单位未按相关规定参加社会保险且拒不整改的；用人单位未如实申报社会保险缴费基数且拒不整改的；应缴纳社会保险费且具备缴纳能力但拒不缴纳的；隐匿、转移、侵占、挪用社会保险基金或者违规投资运营的；以欺诈、伪造证明材料或者其他手段骗取社会保险待遇的；社会保险服务机构违反服务协议或相关规定的；拒绝协助社会保险行政部门对事故和问题进行调查核实的；

4. 证券、期货违法被处以罚没款，逾期未缴纳的；上市公司相关责任主体逾期不履行公开承诺的；

5. 被人民法院按照有关规定依法采取限制消费措施，或依法纳入失信被执行名单的；

6. 相关部门认定的其他限制乘坐火车高级别席位的严重失信行为责任人，相关部门加入本文件的，应当通过修改本文件的方式予以明确。

对上述行为责任人限制乘坐火车高级别席位，包括列车软卧、G 字头动车组列车全部座位、其他动车组列车一等座以上座位。

二、信息采集

（一）铁路旅客相关失信信息采集

在铁路站车发生上述行为，被公安机关予以行政处罚或立为刑事案件的，由相关铁路公安局通报相关铁路局集团有限公司，并纳入惩戒名单。未被公安机关处理的上述行为，由铁路站车工作人员收集有关音视频证据或2名旅客以上的证人证言或行为责任人本人书面证明，报铁路运输企业审核、认定后，纳入惩戒名单。

（二）其他领域相关失信信息采集

国家发展改革委、最高人民法院、财政部、人力资源社会保障部、税务总局、证监会将本部门确定的因发生严重失信行为需要纳入限制乘火车高级别席位的名单归集至全国信用信息共享平台，由平台推送给铁路总公司，由其按国家规定程序纳入限制乘火车高级别席位名单。如果之前已和铁路总公司建立数据传输通道的、实现名单信息共享的，可以保持原数据传统通道和信息共享方式，全国信用信息共享平台不再重复推送名单信息。

向铁路总公司提供的名单信息应当包括：被列入限制乘火车高级别席位名单人员的姓名、旅行证件号码、列入原因，有作为依据的法律文书的，还应当提供该法律文书的名称与编号。有关部门应当确定名单异议处理人，并通报铁路总公司。

三、发布执行和权利救济

各铁路运输企业每月第一个工作日在中国铁路客户服务中心（12306）网站、“信用中国”网站发布限制购买车票人员名单的完整信息，有关部门的异议处理人联系方式应当同时公布。名单自发布之日起7个工作日为公示期，公示期内，被公示人可通过铁路“12306”客服电话或向有关部门提出异议，公示期满，被公示人未提出异议或者提出异议经审查未予支持的，各铁路运输企业开始按照公示名单执行惩戒措施。被纳入限制购买车票名单的人员认为纳入错误的，可以向有关机关、单位提起复核。

四、移除机制

对特定严重失信人在一定期限内适当限制乘坐火车。相关主体从限制乘火车人员名单中移除后，不再对其采取限制乘火车措施，具体移除办法如下：

（一）行为责任人发生严重影响铁路运行安全和生产安全有关行为第1～3、7条的，各铁路运输企业限制其购买车票，有效期为180天，自公布期满无有效异议之日起计算，180天期满自动移除，铁路运输企业对其恢复发售车票。

（二）行为责任人发生严重影响铁路运行安全和生产安全有关的行为第4～6条的，各铁路运输企业限制其购买车票。行为责任人补齐所欠票款后（自补票次日算起），铁路运输企业恢复发售车票；行为责任人补齐第一次所欠票款一年内，三次发生上述4～6条行为的，行为责任人补齐所欠票款90天后（含90天），铁路运输企业恢复发售车票，不补齐所欠票款，铁路运输企业不对其恢复发售车票。

（三）其他领域产生的限制乘坐火车高级别席位的相关人员名单，有效期为一年，自公示期满之日起计算，一年期满自动移除；在有效期内，其法定义务履行完毕的，有关部门应当在7个工作日内通知铁路总公司移除名单。

五、诉讼指导

最高人民法院加强对各级人民法院指导，依法处理因执行限制乘坐火车名单而引发的有关民事诉讼和行政诉讼，明确审理标准，公正司法，维护各方合法权益。

六、宣传工作

各相关部门及各铁路运输企业应当借助各类媒体平台，发挥舆论的宣传引导作用，大力开展铁路信用宣传普及教育活动。利用“诚信活动周”“安全生产月”“诚信兴商宣传月”“3·15国际消费者权益保护日”“6·14信用记录关爱日”“12·4全国法制宣传日”等公益活动，有步骤、有重点地介绍宣传限制乘坐火车制度的内容和实施情况，帮助广大社会公众熟悉并监督这一制度的实施。

本通知自2018年5月1日起实施。

国土资源部

不动产登记资料查询暂行办法

（2018年1月26日国土资源部第1次部务会议审议通过
2018年3月2日中华人民共和国国土资源部令
第80号公布　自公布之日起施行）

第一章　总　则

第一条　为了规范不动产登记资料查询活动，加强不动产登记资料管理、保护和利用，维护不动产交易安全，保护不动产权利人的合法权益，根据《中华人民共和国物权法》《不动产登记暂行条例》等法律法规，制定本办法。

第二条　本办法所称不动产登记资料，包括：

（一）不动产登记簿等不动产登记结果；

（二）不动产登记原始资料，包括不动产登记申请书、申请人身份材料、不动产权属来源、登记原因、不动产权籍调查成果等材料以及不动产登记机构审核材料。

不动产登记资料由不动产登记机构负责保存和管理。

第三条　县级以上人民政府不动产登记机构负责不动产登记资料查询管理工作。

第四条　不动产权利人、利害关系人可以依照本办法的规定，查询、复制不动产登记资料。

不动产权利人、利害关系人可以委托律师或者其他代理人查询、复制不动产登记资料。

第五条 不动产登记资料查询，遵循依法、便民、高效的原则。

第六条 不动产登记机构应当加强不动产登记信息化建设，以不动产登记信息管理基础平台为基础，通过运用互联网技术、设置自助查询终端、在相关场所设置登记信息查询端口等方式，为查询人提供便利。

第二章 一般规定

第七条 查询不动产登记资料，应当在不动产所在地的市、县人民政府不动产登记机构进行，但法律法规另有规定的除外。

查询人到非不动产所在地的不动产登记机构申请查询的，该机构应当告知其到相应的机构查询。

不动产登记机构应当提供必要的查询场地，并安排专门人员负责不动产登记资料的查询、复制和出具查询结果证明等工作。

申请查询不动产登记原始资料，应当优先调取数字化成果，确有需求和必要，可以调取纸质不动产登记原始资料。

第八条 不动产权利人、利害关系人申请查询不动产登记资料，应当提交查询申请书以及不动产权利人、利害关系人的身份证明材料。

查询申请书应当包括下列内容：

（一）查询主体；

（二）查询目的；

（三）查询内容；

（四）查询结果要求；

（五）提交的申请材料清单。

第九条 不动产权利人、利害关系人委托代理人代为申请查询不动产登记资料的，被委托人应当提交双方身份证明原件和授权委托书。

授权委托书中应当注明双方姓名或者名称、公民身份号码或者统一社会信用代码、委托事项、委托时限、法律义务、委托日期等内容，双方签字或者盖章。

代理人受委托查询、复制不动产登记资料的，其查询、复制范围由授权委托书确定。

第十条 符合查询条件，查询人需要出具不动产登记资料查询结果证明或者复制不动产登记资料的，不动产登记机构应当当场提供。因特殊原因不能当场提供的，应当在5个工作日内向查询人提供。

查询结果证明应当注明出具的时间，并加盖不动产登记机构查询专用章。

第十一条 有下列情形之一的，不动产登记机构不予查询，并出具不予查询告知书：

（一）查询人提交的申请材料不符合本办法规定的；

（二）申请查询的主体或者查询事项不符合本办法规定的；

（三）申请查询的目的不符合法律法规规定的；

（四）法律、行政法规规定的其他情形。

查询人对不动产登记机构出具的不予查询告知书不服的，可以依法申请行政复议或者提起行政诉讼。

第十二条 申请查询的不动产登记资料涉及国家秘密的，不动产登记机构应当按照保守国家秘密法等有关规定执行。

第十三条 不动产登记机构应当建立查询记录簿，做好查询记录工作，记录查询人、查询目的或者用途、查询时间以及复制不动产登记资料的种类、出具的查询结果证明情况等。

第三章 权利人查询

第十四条 不动产登记簿上记载的权利人可以查询本不动产登记结果和本不动产登记原始资料。

第十五条 不动产权利人可以申请以下列索引信息查询不动产登记资料，但法律法规另有规定的除外：

（一）权利人的姓名或者名称、公民身份号码或者统一社会信用代码等特定主体身份信息；

（二）不动产具体坐落位置信息；

（三）不动产权属证书号；

（四）不动产单元号。

第十六条 不动产登记机构可以设置自助查询终端，为不动产权利人提供不动产登记结果查询服务。

自助查询终端应当具备验证相关身份证明以及出具查询结果证明的功能。

第十七条 继承人、受遗赠人因继承和受遗赠取得不动产权利的，适用本章关于不动产权利人查询的规定。

前款规定的继承人、受遗赠人查询不动产登记资料的，除提交本办法第八条规定的材料外，还应当提交被继承人或者遗赠人死亡证明、遗嘱或者遗赠抚养协议等可以证明继承或者遗赠行为发生的材料。

第十八条 清算组、破产管理人、财产代管人、监护人等依法有权管理和处分不动产权利的主体，参照本章规定查询相关不动产权利人的不动产登记资料。

依照本条规定查询不动产登记资料的，除提交本办法第八条规定的材料外，还应当提交依法有权处分该不动产的证明材料。

第四章 利害关系人查询

第十九条 符合下列条件的利害关系人可以申请查询有利害关系的不动产登记结果：

（一）因买卖、互换、赠与、租赁、抵押不动产构成利害关系的；

（二）因不动产存在民事纠纷且已经提起诉讼、仲裁而构成利害关系的；

（三）法律法规规定的其他情形。

第二十条 不动产的利害关系人申请查询不动产登记结果的，除提交本办法第八条规定的材料外，还应当提交下列利害关系证明材料：

（一）因买卖、互换、赠与、租赁、抵押不动产构成利害关系的，提交买卖合同、互换合同、赠与合同、租赁合同、抵押合同；

（二）因不动产存在相关民事纠纷且已经提起诉讼或者仲裁而构成利害关系的，提交受理案件通知书、仲裁受理通知书。

第二十一条 有买卖、租赁、抵押不动产意向，或者拟就不动产提起诉讼或者仲裁等，但不能提供本办法第二十条规定的利害关系证明材料的，可以提交本办法第八条规定材料，查询相关不动产登记簿记载的下列信息：

（一）不动产的自然状况；

（二）不动产是否存在共有情形；

（三）不动产是否存在抵押权登记、预告登记或者异议登记情形；

（四）不动产是否存在查封登记或者其他限制处分的情形。

第二十二条 受本办法第二十一条规定的当事人委托的律师，还可以申请查询相关不动产登记簿记载的下列信息：

（一）申请验证所提供的被查询不动产权利主体名称与登记簿的记载是否一致；

（二）不动产的共有形式；

（三）要求办理查封登记或者限制处分机关的名称。

第二十三条 律师受当事人委托申请查询不动产登记资料的，除提交本办法第八条、第九条规定的材料外，还应当提交律师证和律师事务所出具的证明材料。

律师持人民法院的调查令申请查询不动产登记资料的，除提交本办法第八条规定的材料外，还应当提交律师证、律师事务所出具的证明材料以及人民法院的调查令。

第二十四条 不动产的利害关系人可以申请以下列索引信息查询不动产登记资料：

（一）不动产具体坐落位置；

（二）不动产权属证书号；

（三）不动产单元号。

每份申请书只能申请查询一个不动产登记单元。

第二十五条 不动产利害关系人及其委托代理人，按照本办法申请查询的，应当承诺不将查询获得的不动产登记资料、登记信息用于其他目的，不泄露查询获得的不动产登记资料、登记信息，并承担由此产生的法律后果。

第五章　登记资料保护

第二十六条 查询人查询、复制不动产登记资料的，不得将不动产登记资料带离指定场所，不得拆散、调换、抽取、撕毁、污损不动产登记资料，也不得损坏查询设备。

查询人有前款行为的，不动产登记机构有权禁止该查询人继续查询不动产登记资料，并可以拒绝为其出具查询结果证明。

第二十七条 已有电子介质，且符合下列情形之一的纸质不动产登记原始资料可以销毁：

（一）抵押权登记、地役权登记已经注销且自注销之日起满五年的；

（二）查封登记、预告登记、异议登记已经注销且自注销之日起满五年的。

第二十八条 符合本办法第二十七条规定销毁条件的不动产登记资料应当在不动产登记机构指定的场所销毁。

不动产登记机构应当建立纸质不动产登记资料销毁清册，详细记录被销毁的纸质不动产登记资料的名称、数量、时间、地点，负责销毁以及监督销毁的人员应当在清册上签名。

第六章 罚 则

第二十九条 不动产登记机构及其工作人员违反本办法规定，有下列行为之一，对有关责任人员依法给予处分；涉嫌构成犯罪的，移送有关机关依法追究刑事责任：

（一）对符合查询、复制不动产登记资料条件的申请不予查询、复制，对不符合查询、复制不动产登记资料条件的申请予以查询、复制的；

（二）擅自查询、复制不动产登记资料或者出具查询结果证明的；

（三）泄露不动产登记资料、登记信息的；

（四）利用不动产登记资料进行不正当活动的；

（五）未履行对不动产登记资料的安全保护义务，导致不动产登记资料、登记信息毁损、灭失或者被他人篡改，造成严重后果的。

第三十条 查询人违反本办法规定，有下列行为之一，构成违反治安管理行为的，移送公安机关依法给予治安管理处罚；涉嫌构成犯罪的，移送有关机关依法追究刑事责任：

（一）采用提供虚假材料等欺骗手段申请查询、复制不动产登记资料的；

（二）泄露不动产登记资料、登记信息的；

（三）遗失、拆散、调换、抽取、污损、撕毁不动产登记资料的；

（四）擅自将不动产登记资料带离查询场所、损坏查询设备的；

（五）因扰乱查询、复制秩序导致不动产登记机构受损失的；

（六）滥用查询结果证明的。

第七章　附　则

第三十一条　有关国家机关查询复制不动产登记资料以及国家机关之间共享不动产登记信息的具体办法另行规定。

第三十二条　《不动产登记暂行条例》实施前已经形成的土地、房屋、森林、林木、海域等登记资料，属于不动产登记资料。不动产登记机构应当依照本办法的规定提供查询。

第三十三条　公民、法人或者其他组织依据《中华人民共和国政府信息公开条例》，以申请政府信息公开的方式申请查询不动产登记资料的，有关国土资源主管部门应当告知其按照本办法的规定申请不动产登记资料查询。

第三十四条　本办法自公布之日起施行。2002 年 12 月 4 日国土资源部公布的《土地登记资料公开查询办法》（国土资源部令第 14 号）同时废止。

国土资源部政策法规司负责人解读《不动产登记资料查询暂行办法》

2018 年 3 月 2 日，国土资源部部长姜大明签署第 80 号国土资源部令，发布《不动产登记资料查询暂行办法》（以下简称《办法》），自公布之日起实施。这是贯彻落实党的十九大精神，践行以人民为中心的发展思想，深化法治国土实践的又一个重要举措。《办法》出台的背景和重点内容有哪些？国土资源部政策法规司司长魏莉华就此进行了解读。

《办法》的出台是进一步严格规范不动产登记资料查询的迫切需要

不动产统一登记是党中央、国务院确定的重大改革事项。自 2014 年 11 月

24日《不动产登记条例》颁布以来，各地不动产登记工作稳步推进，为保障不动产权利人合法权益发挥了重要作用。不动产登记资料查询是广大人民群众在不动产买卖、继承等活动中的重要基础性支撑，是不动产登记机构的重要服务事项，也是不动产统一登记法律制度的重要组成部分。随着中国特色社会主义进入新时代，全社会对维护不动产交易安全、保护不动产权利人合法权益的呼声日益升高，广大人民群众对不动产登记资料查询的需求也日益增多。在实践过程中，不动产登记资料查询还存在一些亟待解决的问题：一是现有规定不够系统。不动产登记资料的查询和复制规定，散见于《物权法》《不动产登记暂行条例》《不动产登记暂行条例实施细则》中，没有形成一个体系，不方便人民群众申请查询，也不利于指导地方开展查询工作。二是相关规定不够明确。按照规定，利害关系人可以查询、复制不动产登记资料。但是，哪些人属于利害关系人，利害关系人应当提供那些资料，法律法规和规章都没有规定，地方执行也没有统一的标准，亟需明确和细化。三是《土地登记资料公开查询办法》与《物权法》《不动产登记暂行条例》的规定不一致，亟需废止。为规范不动产登记资料查询行为，进一步发挥不动产登记的物权公示作用，保护权利人合法权益，维护交易安全，同时更加严格地保护个人隐私，有必要出台专门的部门规章予以规范。

《办法》坚持以党的十九大精神和全面深化改革的要求为指导，坚持问题导向，在深入总结近年来不动产登记资料查询工作实践经验的基础上，明确了不动产登记资料查询的主体、程序、要件以及登记资料保护等重要措施，为进一步规范不动产登记资料查询工作提供了法律依据，不动产登记各项配套制度进一步健全完善。

《办法》四大亮点值得关注

《办法》对不动产登记资料查询做出了多项制度规定，其中四大亮点值得关注：

一是进一步细化了法定查询主体，明确了“谁能查”的问题。《物权法》和《不动产登记暂行条例》规定：权利人、利害关系人可以申请查询、复制不动产登记资料，登记机构应当提供。《办法》认真落实《物权法》和《不动产登记暂行条例》的有关规定，明确以下几类主体可以查询、复制不动产登记资料，包括：不动产权利人、利害关系人及其委托律师或者其他代理人。同时规定，清算组、破产管理人、财产代管人、监护人等依法有权管理和处分不动产权利的主体，参照权利人的查询规定查询。另外，出台本《办法》主要是规范为老百姓提供查询服务，对有关国家机关查询复制不动产登记资料以及国家机关之间共享不动产登记信息由另外办法另行规定。

二是明确了依法便民高效的基本原则，解决了查询工作“遵循什么”的问题。按照依法、便民、高效原则，《办法》强调了分类查询，对不同的查询主体设置不同的查询权限，权利人享受最大的查询权限。对利害关系人仅开放查询不动产的登记簿记载的登记结果。同时，《办法》与《不动产登记暂行条例》规定的“属地登记”原则相衔接，实行“属地查询”，方便人民群众。在此基础上，《办法》还规定不动产登记机构应当加强不动产登记信息化建设，以不动产登记信息管理基础平台为基础，通过运用互联网技术、设置自助查询终端、在相关场所设置登记信息查询端口等方式，为查询人提供便利。

三是首次对利害关系人的概念进行了界定，明确了“什么利害关系人可以查”和“查到什么程度”的问题。《物权法》和《不动产登记暂行条例》规定了利害关系人可以查询，但对哪些是利害关系人未做明确规定，地方在开展查询服务时不好把握。为此，《办法》在总结各地实践基础上，从维护社会稳定，保护交易安全，保护权利人合法权益的角度出发，对利害关系人进行了区分和细化：对因买卖、互换、赠与、租赁、抵押不动产，以及因不动产存在民事纠纷且已经提起诉讼、仲裁构成利害关系的利害关系人，规定可以查询不动产登记结果；对有买卖、租赁、抵押不动产意向，或者拟就不动产提起诉讼或者仲裁等，但不能提供利害关系证明材料的“准利害关系人”，规定可以查询不动产的自然状况、是否存在共有情形以及其他登记情形等。同时，考虑到《律师法》规定了律师的调查权问题，《办法》还规定律师受“准利害关系人”委托，可以比委托人查询更多的不动产登记信息，以满足律师办理相关案件的诉讼需求。

四是规定了不动产登记信息资料的安全保护措施，明确了“怎样防范个人信息泄露”的问题。保护不动产登记资料信息安全是不动产登记法律制度建设的重要目标之一。为适应新的形势要求，加强登记资料信息安全保护，《办法》明确不动产登记机构应当加强信息安全保护工作，通过安全教育培训、设立用户权限、严加防护管理等多种方式，确保信息安全。同时，在罚则中明确了各类主体包括查询人、不动产登记机构及其工作人员等违法泄露不动产登记信息的法律责任。

采取措施确保《办法》有效实施

法律制度的生命力在于实施，权威也在于实施。《办法》自公布之日起实施，将采取措施确保实施到位。一是认真组织好《办法》的学习、宣传和培训工作，使广大不动产登记机构工作人员了解《办法》的精神和要求，通晓《办法》的各项规定，做到熟练掌握，善于运用。对照《办法》梳理不动产登记资料查询工作的流程，细化相关操作，切实提高工作能力和水平。二是在全社会大力宣传《办法》，使广大人民群众知道不动产登记资料查询什么情况下可以查、能查什么、怎么查、怎么用以及应当承担的法律责任，切实知悉权利和义务。三是认真做好《办法》执行情况的跟踪掌握，及时发现问题，总结经验，不断完善制度，促进不动产登记资料查询工作的日益规范和便民、高效。

国家发展和改革委员会　国家能源局

关于加强和规范涉电力领域失信联合惩戒对象名单管理工作的实施意见

2018 年 2 月 3 日　　　　发改运行规〔2018〕233 号

各省、自治区、直辖市和新疆生产建设兵团发展改革委、经信委（工信委、工信厅）、能源局，国家能源局各派出能源监管机构，中国电力企业联合会，中国核工业集团有限公司、国家电网有限公司、中国南方电网有限责任公司，中国华能集团有限公司、中国大唐集团有限公司、中国华电集团有限公司、国家电力投资集团有限公司、中国长江三峡集团有限公司、国家能源投资集团有限责任公司、国家开发投资集团有限公司、华润集团有限公司、中国广核集团有限公司：

为贯彻落实党的十九大精神，加强诚信体系建设，根据《中共中央 国务院关于进一步深化电力体制改革的若干意见》（中发〔2015〕9号）、《国务院关于印发社会信用体系建设规划纲要（2014－2020年）的通知》（国发〔2014〕21号）、《国务院关于建立完善守信联合激励和失信联合惩戒制度加快推进社会诚信建设的指导意见》（国发〔2016〕33号）、《国家发展改革委 人民银行关于加强和规范守信联合激励和失信联合惩戒对象名单管理工作的指导意见》（发改财金规〔2017〕1798号）的相关要求及规定，加强对涉电力领域市场主体的信用监管，建立失信联合惩戒对象名单（以下简称“黑名单”）制度，完善违法失信惩戒的联动机制，促进行业健康发展，现提出如下实施意见。

一、总体要求

（一）政府主管部门及行业监管部门对存在严重违反电力法律、法规、规章等严重失信行为的涉电力领域市场主体，依法依规列入“黑名单”，并向社会公布，实施信用约束、联合惩戒。市场主体存在违法失信行为且情节较轻的，可先纳入诚信状况重点关注对象名单（以下简称“重点关注名单”）。

（二）国家发展改革委、国家能源局负责对全国涉电力领域“黑名单”管理工作进行指导和协调，县级以上行业主管部门、相关监管部门根据职能负责本地区“黑名单”管理工作。

（三）坚持“谁认定、谁负责”的原则，认定“黑名单”的部门和单位负责“黑名单”的公布、信用修复、异议处理、退出等工作。

（四）认定为涉电力领域“黑名单”市场主体的相关信息应纳入全国信用信息共享平台，按照《关于对电力行业严重违法失信市场主体及其有关人员实施联合惩戒的合作备忘录》等有关规定，实施联合惩戒。

二、认定标准

（五）涉电力领域市场主体包括发电企业、售电企业、参与电力市场交易的电力用户、电网企业、电力建设、施工、监理、勘察、设计企业、电能服务企业、电力设备供应企业。

（六）涉电力领域市场主体存在下列情形之一的，应按照规定程序列入“黑名单”：

1. 未取得许可从事相关业务、涂改许可证、隐瞒有关情况或者以提供虚假申请材料等方式违法违规进入市场，未按要求及时变更注册信息和用户登记信息，且拒不整改；

2. 违反信用承诺且拒不整改；

3. 在其他领域因严重违法失信行为被列入相关“黑名单”；

4. 存在其他违法违规行为，受到行政处罚等法律处罚，情节严重或拒不整改。

（七）发电企业存在下列情形之一，情节严重或拒不整改的，应按照规定程序列入“黑名单”：

1. 未执行并网调度协议，未服从电力调度管理；

2. 经审核符合准入条件的企业自备电厂，未足额缴纳政府性基金及政策性交叉补贴；

3. 违反相关规定，建设电厂向用户直接供电的专用线路，以及与其参与投资的增量配电网络连接的专用线路。

（八）售电企业存在下列情形之一，情节严重或拒不整改的，应按照规定程序列入“黑名单”：

1. 超出准入条件规定的售电量范围开展售电业务；

2. 未承担保密义务，违规泄露用户信息。

（九）参与电力市场交易的电力用户存在下列情形之一，情节严重或拒不整改的，应按照规定程序列入“黑名单”：

1. 存在违约用电、窃电或者破坏电力设施行为；

2. 存在用电安全隐患等影响电力安全稳定运行或威胁人身安全的行为；

3. 以各种形式逃缴、拒缴和拖欠政府性基金或政策性交叉补贴。

（十）电网企业存在下列情形之一，情节严重或拒不整改的，应按照规定程序列入“黑名单”：

1. 未按国家有关规定和合同约定承担保底供电服务和普遍服务；

2. 未严格落实电网安全责任，供电质量未达到承诺标准；

3. 未做到对发电企业、电力用户及其他电网企业的无歧视公平接入；

4. 存在干预发电企业、售电公司、电力用户之间相互自主选择的行为。

（十一）电力建设、施工、监理、勘察、设计企业存在下列情形之一，情节严重或拒不整改的，应按照规定程序列入“黑名单”：

1. 转让、出租出借、借用挂靠、涂改、伪造许可资质（资格）证书或者以其他方式允许其他单位或者个人以本单位名义承揽工程；

2. 超越许可范围承揽工程；

3. 弄虚作假骗取中标、不正当手段承揽工程；

4. 将工程转包或者违法分包；

5. 存在重大安全、质量隐患，经督查不及时整改；

6. 未按核准文件确定的招标方式开展招标；

7. 发生因工程安全质量问题引发的较大安全责任事故；

8. 严重违反合同约定。

（十二）电能服务企业存在下列情形之一，情节严重或拒不整改的，应按照规定程序列入“黑名单”：

1. 提供的平台或产品问题给用户造成经济损失；

2. 拒不处理客户投诉；

3. 采用不正当手段竞争，扰乱市场秩序；

4. 骗取国家政府补贴。

（十三）电力设备供应企业存在下列情形之一，情节严重或拒不整改的，应按照规定程序列入“黑名单”：

1. 降低产品设计标准、偷工减料，或在生产制造过程中使用伪劣原材料、组部件以次充好；

2. 在施工（建筑、安装等）、调试或运行过程中，出现质量问题，发生安全事故或质量事故；

3. 不能安全稳定运行或技术、质量等性能指标与设计值出现重大偏差，且无法通过进一步调试和正常维护得到解决；

4. 存在商业行贿受贿行为，经营者为销售或购买商品而采用财务或其他手段贿赂对方单位或个人。

（十四）涉电力领域市场主体在电力市场交易方面存在下列情形之一，情节严重或拒不整改的，应按照规定程序列入“黑名单”：

1. 无故未履行市场交易合同或具有法律效力的交易意向；

2. 未按时进行交易结算，拖欠电费；

3. 恶意串通、操纵市场或变相操纵市场；

4. 提供虚假信息，违规发布信息，或未按规定披露、提供信息；

5. 违反电力市场交易规则开展交易。

（十五）涉电力领域市场主体在电力规划设计、政策标准执行及项目合作、建设管理方面有下列情形之一，情节严重或拒不整改的，应按照规定程序列入“黑名单”：

1. 未按照规划总量进行产能布局、重复建设、开发利用效率低下、发展失衡，违反相关优选原则；

2. 选择性执行或变相、消极、错误执行国家有关能源政策；

3. 违反电力行业标准化工作有关强制性规定或执行国家强制性标准情况不达标；

4. 新建电力项目违法违规转让开展前期工作资格或核准文件；

5. 违法违规变更新建项目投资主体；

6. 需核准的电力项目未经核准先行开工建设，或者未按核准文件规定建设；

7. 电力项目存在超容量建设、停产整顿项目继续建设、为争取国家补贴指标而虚拟项目、以资源综合利用名义建设低效项目等情形。

（十六）涉电力领域市场主体在安全生产、应急管理和节能减排方面有下列情形之一，情节严重或拒不整改的，应按照规定程序列入“黑名单”：

1. 发生《生产安全事故报告和调查处理条例》所规定的重大生产安全事故，或一年内累计发生责任事故死亡 10 人（含）以上；

2. 发生《电力安全事故应急处置和调查处理条例》所规定的重大电力安全事故；

3. 重大安全生产隐患不及时整改或整改不到位；

4. 发生暴力抗法的行为，或未按时完成行政执法指令；

5. 发生事故隐瞒不报、谎报或迟报，故意破坏事故现场、毁灭有关证据；

6. 经监管执法部门认定严重威胁安全生产的其他行为；

7. 在电力、核电厂等领域未按国家要求有效落实应急管理责任；未建立电力应急指挥体系，未制定电力安全应急预案，不按规定开展应急演练；

8. 未按规定安装、运行环保设备，污染物排放不符合环保标准和规定，瞒报、伪造、篡改统计数据和相关备查资料；

9. 阻碍、抗拒依法实施的节能监管，情节严重或隐匿、拒不提供相关资料。

（十七）在许可监管中发现涉电力领域市场主体有下列情形之一，情节严重或拒不整改的，应按照规定程序列入“黑名单”：

1. 出租出借或借用挂靠许可资质；

2. 超出许可范围或者超过许可期限从事相关业务且限期未完成整改；

3. 不具备许可条件仍从事相关业务，未在规定期限内申请许可变更或注销且限期内未完成整改；

4. 未经批准，擅自停业、歇业。

（十八）市场主体具有相关失信行为，但尚未达到“黑名单”认定标准的，应按照规定程序列入重点关注名单，通过约谈、提醒、下达整改函等方式督促整改。

（十九）市场主体列入重点关注名单未能在整改期限完成整改并退出，或无明确整改期限的未能在 3 个月内完成整改并退出，或一年内 3 次或 3 次以上被列入重点关注名单，应按照规定程序列入“黑名单”。

三、认定与发布

（二十）县级以上行业主管部门、相关监管部门可按照认定标准，根据职能认定涉电力领域“黑名单”、重点关注名单。国家发展改革委、国家能源局可根据需要授权全国性行业协会商会，按照认定标准认定涉电力领域“黑名单”、重点关注名单。

（二十一）鼓励电力交易机构、行业协会商会等各类单位和公民个人积极支持和配合认定工作，向认定部门（单位）提供市场主体的失信行为信息。认定部门（单位）应积极委托大数据企业开展大数据监管，将大数据分析结果作为认定“黑名单”的重要参考依据。

（二十二）认定部门（单位）应按照以下程序认定“黑名单”：

1. 正式告知拟列入“黑名单”的市场主体列入事由和列入依据，允许其在 10 个工作日内提交有关申辩材料；

2. 组成相关政府部门、社会组织及行业专家参加的小组，根据各方提供的材料进行审查，提出市场主体是否列入“黑名单”的认定意见书；

3. 县级以上行业主管部门、相关监管部门认定的“黑名单”直接生效；授权的全国性行业协会商会认定的“黑名单”，需经相应信用建设牵头部门或能源监管部门审核后生效；

4. 完成认定后，认定部门（单位）应向列入“黑名单”的市场主体下达认定决定函。

（二十三）建立全国涉电力领域“黑名单”信息管理系统，各认定部门（单位）认定的“黑名单”均统一纳入信息管理系统。市场主体被列入“黑名单”后，认定部门（单位）应于列入当日将有关信息录入“黑名单”信息管理系统。录入信息主要内容包括：一是基本信息，包括法人和其他组织名称（或自然人姓名）、统一社会信用代码、全球法人机构识别编码（LEI 码）（或公民身份证号码、港澳台居民的公民社会信用代码、外国籍人身份号码）、法定代表人（或单位负责人）姓名及其身份证件类型和号码等；二是列入名单的事由，包括认定违法失信行为的事实、认定部门（单位）、认定依据、认定日期、有效期等；三是市场主体受到联合奖惩、信用修复、退出名单的相关情况。

（二十四）涉电力领域“黑名单”信息管理系统应主动将相关信息共享至全国信用信息共享平台，供各级国家机关、法律法规授权具有管理公共事务职能的组织共享使用。

（二十五）认定生效的“黑名单”，由认定部门（单位）通过其门户网站、地方政府信用网站、“信用中国”网站、电力交易机构网站等向社会公众发布。对于涉及企业商业秘密和个人隐私的信息，发布前应进行必要的技术处理。

（二十六）认定部门（单位）对列入重点关注名单的市场主体，应制定有关标准和程序，录入“黑名单”信息管理系统，共享至全国信用信息共享平台。

四、名单退出与权益保护

（二十七）已被列入“黑名单”的市场主体，符合以下条件的，经认定部门（单位）确认，可以退出“黑名单”：

1. 市场主体自被列入“黑名单”之日起满 3 年，未再发生严重违法失信行为；

2. 市场主体被列入“黑名单”的主要事实依据被撤销；

3. “黑名单”认定标准发生改变，不符合新认定标准；

4. 按照有关规定和标准完成自主信用修复，经认定部门（单位）审核同意；

5. 经异议处理，“黑名单”认定有误。

（二十八）市场主体退出“黑名单”后，认定部门（单位）应及时通过原发布渠道发布名单退出公告，并将其列入重点关注名单。对于认定有误的“黑名单”，不列入重点关注名单。

（二十九）认定部门（单位）应建立市场主体自主信用修复机制，在下达“黑名单”认定决定函时结合失信行为的严重程度，明确市场主体能否修复信用以及修复的方式和期限。可通过履行相关义务纠正失信行为的“黑名单”市场主体，可在履行相关义务后，向认定部门（单位）提交相关材料申请退出。

（三十）认定部门（单位）应建立“黑名单”异议处理机制，明确异议受理渠道、办理流程和时限。有关单位和个人对被列入“黑名单”有异议的，可向认定部门（单位）提交异议申请并提供证明材料。认定部门（单位）应严格按时限反馈是否受理的意见，受理后要按时限反馈处理结果。当事人对反馈结果仍有异议的，可依法申请复议。

（三十一）认定部门（单位）自主发现的，或接到相关部门、单位、个人反映、投诉的名单信息不准确情况，要及时进行核实。确因认定部门（单位）工作失误导致有关单位和个人被误列入“黑名单”的，认定部门（单位）应及时更正当事人的诚信记录，向当事人书面道歉并进行澄清，恢复其名誉。导致当事人权益受损的，依法给予赔偿。

五、保障措施

（三十二）国家发展改革委、国家能源局负责指导监督全国涉电力领域“黑名单”管理工作，各认定部门（单位）按照国家统一规定开展“黑名单”认定工作。

（三十三）国家发展改革委、国家能源局负责建设和管理全国涉电力领域“黑名单”信息管理系统，建立健全并严格执行保障信息安全的规章制度并做好落实。各认定部门（单位）要严格按照规定录入、查询、维护和使用信息，确保信息真实，严防信息泄露。

（三十四）对“黑名单”认定过程中出现的违法违规行为，各认定部门（单位）应当及时予以纠正。各认定部门（单位）及其相关工作人员在“黑名单”认定相关工作过程中存在滥用职权、玩忽职守、徇私舞弊、因故意或工作失误泄露不公开信息等行为的，由所在单位或上级主管部门视情节轻重对直接责任人和其他负有责任的主管人员依法依规予以处理；对市场主体造成损失的，依法承担相应责任；构成犯罪的，移送司法机关依法追究刑事责任。

（三十五）省级行业主管部门和相关监管部门在管辖区域内可根据本实施意见，制定涉电力领域失信联合惩戒对象名单管理实施细则。经授权的全国性行业协会商会可根据本实施意见，制定本协会商会内部的管理实施细则。

（三十六）行业协会商会、电力交易机构、大数据企业等在配合政府部门开展“黑名单”管理工作中要注重加强自身信用建设，坚持公平公正、实事求是。

本文件自发布之日起试行，有效期至 2020 年 12 月 31 日。

附件：中国电力企业联合会关于涉电力领域会员单位失信联合惩戒对象及重点关注名单管理实施细则（略）

[司法实务问题研究]

执行程序中“和而不解”现象的防范与救济

——兼议民事诉讼法第230条第2款

邓建辉　陈明灿*

引　言

执行和解扮演着民事执行程序中的重要“角色”，成本低、简便可行、效率高是其显著“标签”。正因如此，该制度在司法实践中被广泛应用。甚至被形象比作为为“调节器”“稳压阀”。该制度为化解社会矛盾提供了便利条件，极具理论价值与现实需求。目前，被申请人不履行执行和解协议时法律只提供恢复原生效判决的执行此一条救济路径，不能适应“复杂”的执行局面。执行和解协议一直处于软约束状态，使得这种具有中国特色制度的功能未能充分发挥。① 形式上看，执行和解中的私权处分阻断了强制执行效力，但在实质上却是私权处分无法得到保障，私权缺乏公权的合理救济。② 怎样让公权保障与私权处分实现互动与结合，激发执行和解所蕴含的价值，就应当在实体与程序上对执行和解未履行进行双重救济。为实现针对执行和解协议存在的瑕疵进行合理救济，应当充分考虑以下问题：和解协议本身是否具备执行力？其与原生效法律文书有何关联？因该协议所产生的纠纷是否具备可诉性？如存在可撤销

---

* 作者单位：江西省宜春市中级人民法院。

① 刘东：《论民事执行和解协议效力的完善》，载《时代法学》2013年第5期。

② 张海棠：《论民事执行和解制度的定位与到位—从公权到私权关系角度的观察与研究》，载《上海市诉讼法学研究会文集》2010年第4辑。

并恢复执行的情形，谁应作为审查主体？审查程序该如何进行？仅仅依靠恢复执行此一种救济途径是无法解决上述一些列问题的，其只是在和解协议效力未定的情形下的权宜之计。当务之急，应全面地对执行和解救济制度进行梳理与完善，以期改变当前过度依赖于恢复执行的“被动”局面。①

一、现实考量：当前执行和解制度运行现状调研

目前立法和司法上针对执行和解这一制度的体系构造层次还不够完善与成熟，与其有关的法律还不够健全与分散。当前我国法律法规及相关司法解释涉及执行和解方面可谓是寥寥无几。如《中华人民共和国民事诉讼法》第230条，《最高人民法院关于人民法院执行工作若干问题的规定（试行）》第86条、第87条，《最高人民法院关于适用〈中华人民共和国民事诉讼法〉若干问题的意见》第266条、第267条。在立法角度看，我国执行和解制度明显存在滞后性且相关法条之间存在衔接性差、缺乏可操作性的问题。

为进一步了解执行和解运行情况，笔者制作了执行和解救济制度的调查问卷，对象是j省y市45位执行法官、27位律师、45名当事人，主题是关于执行和解未履行下的救济问题，内容分别是：（1）对执行和解未履行下救济制度的总体评价；（2）当前的救济制度有何弊端；（3）相关改革建议。

针对第一个问题，有45%的参与人认为当前执行和解未履行情况较为常见，其救济制度也过于保守与单一。有23%的参与人认为当前执行和解制度名存实亡，没法发挥作用。22%的参与人认为当前执行和解救济制度是基本科学的，无需对其进行扩张。

针对第二个问题，有32%的参与人认为执行和解中担保的效力不明确导致该制度运行不畅；有43%的人认为部分执行和解协议本身存在瑕疵且司法机关执行和解过程中角色定位不明确；有25%的人认为恢复执行经常出现执行不能的被动处境。

针对第三个问题，有56%的参与人认为让执行和解协议在特定条件下具有可诉性；有29%的人认为应建立执行和解司法审查制度；有15%的人认为应该让执行和解协议中的担保人承担履行不能的风险负担。

① 江必新：《民事诉讼法执行程序修改应关注的十大问题》，载《人民司法·应用》2011年17期。

由此可知我国执行和解司法实践中最为明显的问题在于执行和解争议救济途径过窄，民事诉讼法第230条之规定过于原则化，缺乏可操作性。执行和解一旦发生争议，当事人则只能选择恢复执行作为唯一的救济手段。这意味着宣告了和解协议的法律效力的丧失，造成其对当事人亦不再有约束力。其次，某些执行和解协议本身存在瑕疵且缺少司法审查制度，一些协议存在欺诈、胁迫、违法等现象。

此外，通过对h省某市中级人民法院及其辖区范围内的12个基层法院近年来涉及民事执行和解数据为分析对象，以期得出执行和解制度在司法实践操作中具有怎样的特点与存在什么类型的阻碍。

（一）"和而不解"现象严重，和解协议完全履行存在较大的阻碍

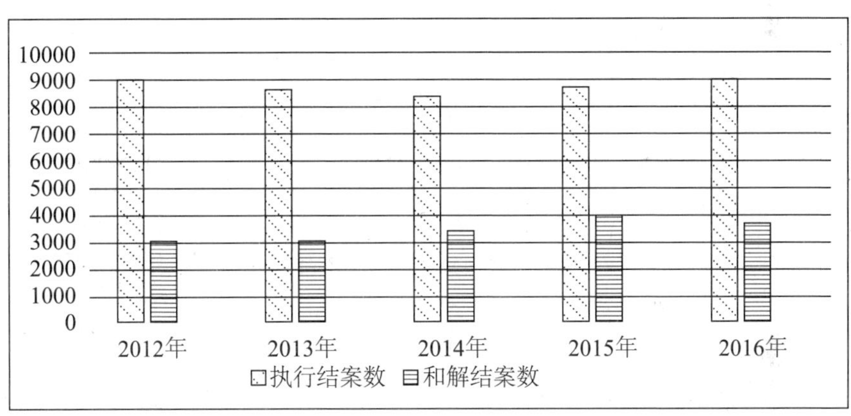

图一　执行结案数与和解结案数对比图

通过观察图一可知，近年来执行案件结案比例呈上升趋势，而执行和解的数量与比例在执行结案中占有举足轻重的地位。表一则反映了在大量的执行和解中存在许多"和而未解"的情形，例如和解协议不完全履行、超期履行甚至是不履行，导致执行和解制度无法发挥其真正的价值，让矛盾无法得到真正的解决，从而形成一种"恶性循环"的怪象，如图二所示。

表一　执行和解中的“和而未解”

年份	和解结案数（件）	自动履行数（件）	自动履行（%）	完全履行数（件）	完全履行率（%）
2012 年	2997	432	15	267	8
2013 年	2858	403	14	254	9
2014 年	3225	458	13	224	6
2015 年	3919	423	10	247	6
2016 年	3642	476	13	243	7

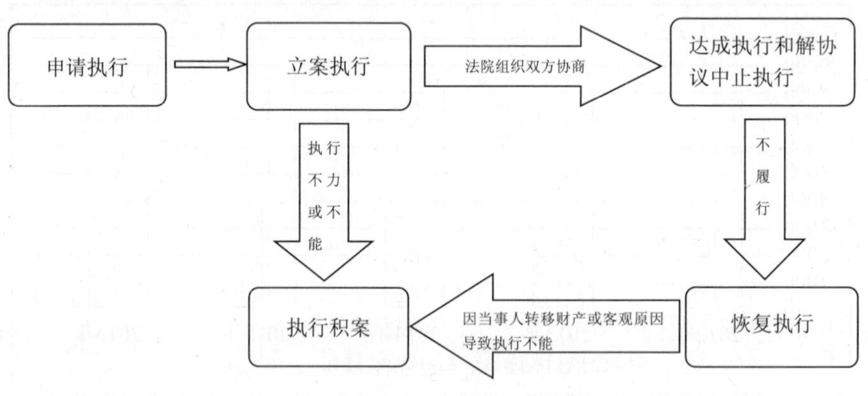

图二　“和而不解”造成的恶性循环

（二）法官在促成执行和解协议达成中起到举足轻重的地位

经随机从近四年因达成执行和解而结案的案件中抽取 50 例作为参考范本，然后通过电话回访的方式向当事人询问达成和解的原因。经统计得知（见图三），因为法官从中斡旋而选择执行和解所占比例逐年增长。观察图表，我们发现法官促成执行和解的百分比例在 2012 年是 20%，到了 2015 年已经上升至 37%。五年间提升了 17 个百分点意味着在执行和解过程中逐渐介入了当事人意志之外的因素。虽说和解协议是当事人双方意思自治的体现，也没有明文规定法官在执行和解中可以从中斡旋而使双方当事人达成和解。但在执行过程中，为有效提升结案率，法院基本上都会想设法让双方尽可能的实现和解。另外，迫于许多案件实际执行到位率较低的压力，执行人员也会劝说当事人做出一定程度的让步从而主动达成执行和解。

（三）债务人诚信意识缺失与和解协议履行不力存在紧密关联性

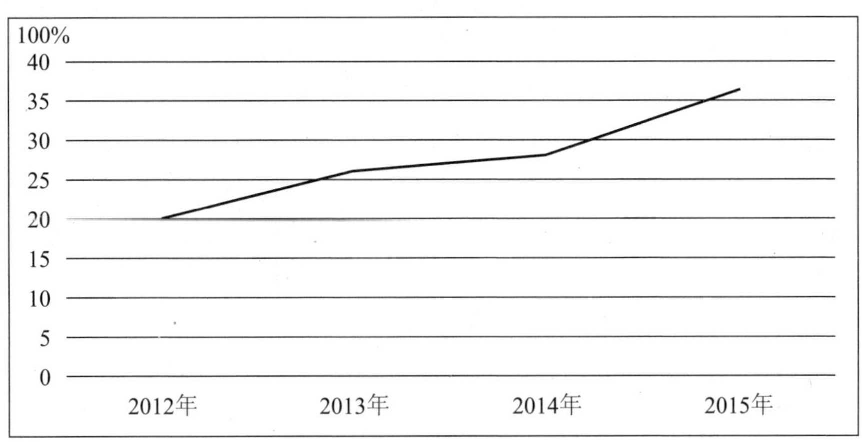

图三　法官促成执行和解的变动趋势

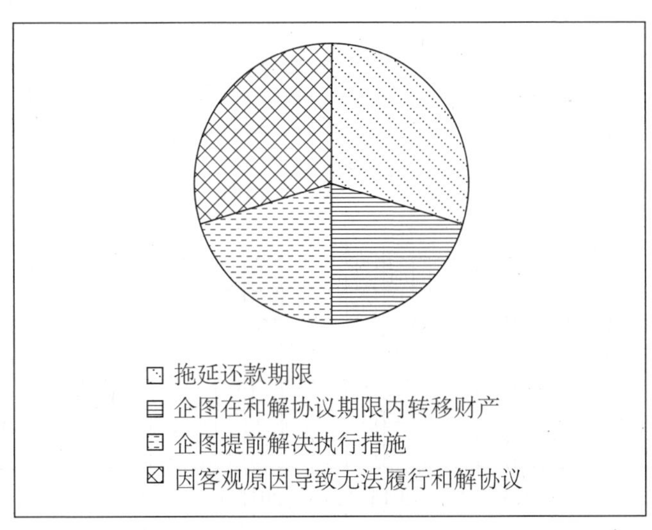

图四　执行和解协议履行不能的原因

通过在档案室与执行办案平台查阅资料得知从2012—2016年h省市某市法院共达成执行和解10786件，其中竟然有9429件未得到履行，此性质案件所占比例竟然高达87%。在此基础上又按年份从该类案件中随即抽取90件，通过翻阅执行办案卷宗、调查笔录、电话咨询等方式统计执行和解协议由于当事人主观原因而导致履行不能之结果（如图四所示）。可以推断，很多债务人本身抱有非法目的，以签订执行和解协议为契机，故意延迟履行债务或将财产转移以规避执行。故因当事人不诚信而导致和解协议无法履行是不可忽视的问题。

（四）申请恢复执行常常面临无财产可供执行的“尴尬”处境

目前，执行和解不履行时唯一的救济方式就是申请恢复执行。为了解该种救济方式运行现状及存在之弊端，通过向h省某市两级法院执行局查阅立案登记簿、询问相关承办法官、翻阅执行办案卷宗等方式获取了相关有效数据。图五中的申请恢复执行比例（蓝色部分）反映了执行和解协议在司法实践中的未得到履行状况，而恢复执行后无财产可供执行比例（红色部分）则是执行和未履行下救济制度弊端的最明显的体现。通过观察图表得知，从2012—2016年两者的比例呈明显的上升趋势。五年间，申请恢复执行比例上升了10个百分点；而恢复后无财产可供执行比例也上升近9个百分点。可见，签订执行和解议后而无法履行与申请恢复执行但却发现无财产可供执行的现象时常发生。相当比例当事人利用签署执行和解协议的“缓冲期”进行规避执行。（详见图五）

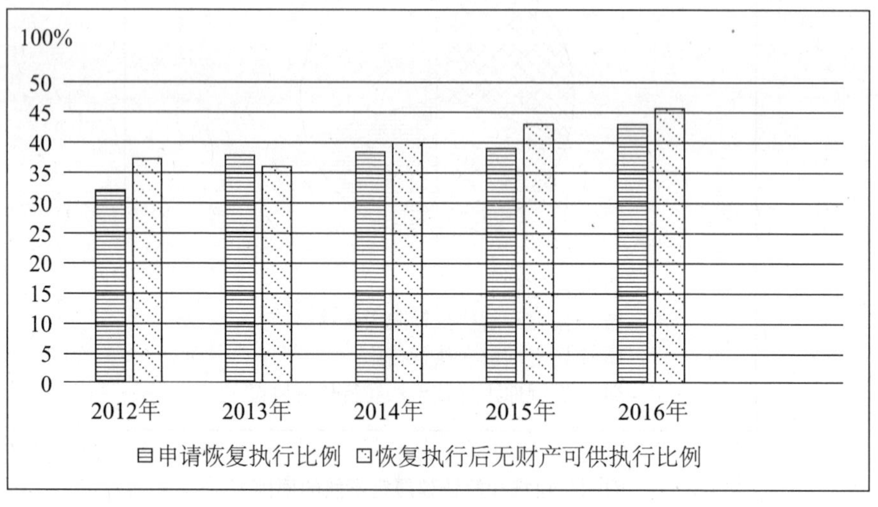

图五　申请恢复执行比例与恢复执行后无财产可供执行比例

二、追根溯源：当前执行和解救济制度运转失灵之分析

（一）在执行和解协议的性质与效力认识层次上“先天”不足

执行和解从本质上说是当事人意识自治的产物。从形式的角度出发，这种和解具备私法属性，可是由于其固然会对执行程序的进展造成或多或少的影响，故执行和解程序私法“自治”程度有限。正是因为这种性质上的不确定性导致其在法律效力的层次上引起广泛争议。由此造就了从和解协议签订直至履行完毕这个阶段的效力处于“悬而未决”状态。也正是由于这一“诟病”致使全国各地法院在执行和解协议签订后所采取的措施各不相同，暂缓执行、中止执行甚至终结执行都是备用选项。这种后果严重的影响了司法的严肃性与安定性，使得执行程序无法顺利的有效进行。从我国现有法律框架理论与立法构建角度出发，我们不能否定执行和解具备“一行为两性质”的特点。但是，在和解协议无法按约履行时，现有法律却否定了当事人可以另行起诉寻求救济的路径。此时和解协议无效，当事人只能选择恢复原判决执行作为“出路”。故有学者认为，执行和解属于附条件的合同①、实践合同②等观点。

（二）当前执行和解制度及相关配套机制存在缺陷导致“后天”缺失

1. 民事诉讼法230条设置缺乏科学性与全局性

当事人在执行程序中经自由磋商所形成统一意见是执行和解协议产生内在原因。依照民事实体法要求，此合意应当出于双方当事人内心真实的意识表示，约定的事项不可违背法律规定，亦不能侵害国家与社会利益及他人正当利益。不然，将造成协议效力上的缺陷。可是，民事诉讼法第230条只是将欺诈、胁迫两种情形作为可撤销的要件之一，忽略了通过欺诈、胁迫所达成的和解协议可能存在侵害国家利益、社会公共利益这一情形。倘若发生上述情况，完全依照“可撤销”的方式进行处理，即也就是当被执行人同意完成兑现和解债务的条件下，申请执行人既有权实现和解债权，又能够申请恢复对原生效生效判决的执行。不仅如此，现行法律对案外人及第三人的权益保护上存在缺失。一旦出现损害第三人权益的执行和解协议时，第三人很难靠选择执行异议或异议之诉的方式获得救济路径，因为无明文规定执行法院可对执行和解协议

---

① 肖建国、赵晋山：《民事执行若干疑难问题探讨》，载《法律适用》2005年第6期。

② 邱星美：《执行和解协议的性质与效力探析》，载《人民法院报》2004年11月23日。

作出裁定书予以确认。因此，第三人撤销之诉缺少适用空间。

2. 执行和解制度相关核心内容未在法律上予以明确导致履行呈“疲软”态势

由于缺少对当事人达成执行和解协议时在履行期限方面的限制性明文规定，虽然保障了当事人充分的意志自由，将履行期限问题交由当事人自行协商，但也给纠纷的解决埋下隐患，甚至产生新的纠纷。很多和解协议在履行期限都未约定明确，或者在期限的约定上过长，有时三五年、更有甚者达到十年，使得许多执行案件由此步入漫长的“冬眠期”①。另外在达成和解协议之后履行完毕之前，由于法律没有规定此时是否应继续当对被执行人的财产采取强制措施，导致各地法院对此做法不一。也正是由于此制度构建上的“失位与缺失”使得执行和解功能未被充分运用甚至质疑声不断。

3. 执行和解协商过程中缺少司法审查制度

民事诉讼法第230条第2款规定执行和解协议签订过程中存在欺诈、胁迫时，可申请恢复执行。这反映了意识自治与诚信原则有效的衔接起来，让当事人的权利救济途径得以扩充。但申请人主张“欺诈”“胁迫”时，谁应作为这一审查主体？依照何种程序来断定“受欺诈、胁迫”？这些内容的缺失使得民事诉讼法第230条缺乏可操作性。和解协议的具体款项属于当事人双方自由磋商的范围，有时候因为由于当事人自身法律知识上的差异或非法目的，致使和解协议的内容时常出现有违法律规定的情形，因此而造成和解协议效力瑕疵。除此之外，现实中亦存在因为主体不合规导致协议无效的后果。法院是否可对执行和解协议本身作出司法审查？这个问题现在处于立法“空洞期”。使得尽管协议在内容上存在损害国家或者他人合法权益，法院也不能进行纠正或者阻止。②

4. 执行和解担保的效力缺失

申请执行人为实现顺利履行和解协议之目的，一般都提出要被执行人或者第三人承担相应的担保责任。如发生相关当事人违约的情况，申请人能否请求法院直接执行担保人的财产？这就引出执行和解中担保的效力问题。现有法律、法规及司法解释涉及执行和解担保效力问题存在内容上的“空洞”，应该

① 童兆换：《民事执行调查与分析》，人民法院出版社2001年版，第423页。

② 鲍萌：《我国民事执行和解制度之完善》，湘潭大学2013年硕士学位论文。

怎么判断执行和解协议中的担保的效力是让我们困惑的司法难题，在实践中存在操作不一的现象。① 执行和解担保区别于执行担保，在执行担保中，如果被执行人未履行生效法律文书义务，可以直接执行担保人财产。因为执行和解协议缺乏国家强制执行力为保障，无法顶替原生效判决，故可推断，和解协议中的担保也不具备国家强制力。假如当事人拒不履行和解协议，法院在恢复原判决执行时，担保协议失去效力。所以，在恢复执行原生效法律文书时，不可裁定担保人代为履行和解协议中的债务，亦无法将担保人追加为共同担保人。②

三、矫正与统一："和而不解"之困局破解路径探索

如何防范执行和解协议履行中出现"和而不解"的怪象，必须对执行和解的基本价值理念与性质效力进行界定，并对当前的救济模式进行深入分析，方可推导出具备可操作性且符合当前司法实践需求的救济模式。

（一）拓宽救济途径之理论基础

执行和解是相关当事人针对改变以前执行依据所包含法律关系形成的协议，一旦和解协议全部履行之后将以结案处理的制度。有关执行和解性质存在数种学说。一是私法行为说，在其看来执行和解应归于私法调整的法律行为，执行和解协议的性质类似民法上的契约或者民事合同，其效力与一般意义上的民事合同或者民事协议是一样的。③ 二是诉讼行为说。该说从诉讼法的角度来界定执行和解行为，他们认为执行和解是当事人互利互让以终结执行的平等自愿的意思表示，属于诉讼法上的行为，而不适用私法上的规范，无论私法中和解是否有效、协议如何取消等行为，都不影响诉讼和解的效力。还有就是"一行为两性质"说，即虽然执行和解虽然是一种行为，但究其本质，"是公权力措施兼纳私法效力的行为。"④ 总体上看，执行和解兼具私法行为和诉讼行为的性质，执行和解协议属于民事契约，但还具有诉讼行为的性质，可以对执行程序产生中止、终结的法律效力。

① 高斯亮：《论民事执行和解中担保的效力》，载《兵团党校学报》2015 年第 5 期。
② 杨毅：《民事执行和解制度研究》，广西师范大学 2016 年硕士学位论文。
③ 杨毅：《民事执行和解制度研究》，广西师范大学 2016 年硕士学位论文。
④ 政玉英：《论执行和解制度及其法律完善》，载《强制执行指导与参考》2006 年第 3 期。

（二）完善执行和解救济程序之科学构建

1. 立法层次上进一步细化，扩充执行和解救济途径

（1）强化对民事执行和解的性质与法律效力的司法认知并使其明确化

前文中已经提到了民事执行和解的性质规定不明确会导致对协议之定性出现偏差，使得执行和解制度在司法实践操作中出现混乱。我国作为成文法国家，将执行和解的性质与效力写进法律条文中也是合情合理的。建议将其定位为兼具私法性质民事契约和具有改变执行程序进程的诉讼性质的之行为。只有从法律上对执行和解的性质进行明确的界定之后，法院执行人员在实践操作中才不会出现盲目、混乱、没有头绪的情况。同时，鉴于实务中当事人不断和解情况屡见不鲜，当务之急应在法律中规范好民事执行和解对执行程序和对当事人实体权利义务的效力，并在此基础上赋予执行和解协议法律约束力。

（2）进一步规范、明确执行和解中法院的释明、审查制度与担保协议的效力

一是释明。在执行和解程序中，“法官有义务向双方当事人释明执行和解中存在的风险、效果及权利义务等相关规定，并确认当事人是否继续选择执行和解并受其约束。”① 二是引导。“执行程序中，执行机关的职责是行使执行权，以实现生效法律文书确定的内容。”② 所以，和解过程不能违背意识自治的原则，使双方获得一个磋商的机会，为当事人达成和解协议做好指引工作。需要说明的是，当事人的意识自治应当起主要作用，法院扮演的角色不能“越位”。同时，明确好法院对和解协议（包括和解中达成的担保协议）的审查义务与内容，并使其形成制度化。首先，最高人民法院可以利用司法解释的形式，进一步明确民事执行和解的司法审查职责与内容等。在民事执行和解审查内容上，应主要审查以下三个方面：一是主体是否适格。二是审查执行和解协议是否是双方当事人真实意思。三是审查执行和解协议内容的合法性。四是审查担保能力是否符合要求。③ 另外，基于现行法律对执行和解担保效力的缺失，有必要让执行和解担保的效力与执行担保相一致。如此一来，人民法院可以在被执行人未履行和解协议的情况下强制执行担保人的相关财产。需要注意的是，只有在确认被执行人无偿还能力的时候，才能去执行担保人的担保

---

① 盛杰：《协调与规制：完善民事执行和解的路径探讨》，载《山东审判》2014年第30期。

② 童兆洪：《民事强制执行新论》，人民法院出版社2002年版，第157页。

③ 陈志峰：《民事执行和解制度研究》，郑州大学2015年硕士学位论文。

财产。

2. 在司法体制构建上完善相匹配的制度性框架

（1）建立有限程度的可诉制度

对于执行和解过程中产生的争议是否有权选择另外起诉？在某些人看来执行和解只是将判决所确定的法律关系或履行手段进行某种程度的延续或改变，此变更的限度局限于原生效判决，倘若在法律所赋予当事人另行起诉的权利，本质上有违背“一事不再理”原则之嫌疑。面对该项争议，基于其具有违背既判力的效力，故不应在法院受理的诉求范围。一事不再理原则必须同时满足三个条件：①同一诉讼请求；②同一当事人；③同一法律关系，即当事人争议诉讼标的所涉及的法律关系（法律事实）相同。若上述三个条件有一个不同，就不是“同一事”。在和解协议有限的可诉框架中，前后诉虽然在法律事实上有延续，但双方当事人达成的和解协议是后来发生的事实，该事实与之前诉讼中的事实不必然相同，由此产生的法律关系也不相同。因此，让和解协议具有可诉性不违反“一事不再理”原则。至于既判力问题，民事法律关系是诉讼标的本体，我们对其在特殊时间点上予以切断，以这个时间点为参照对象，在此之前的民事法律关系是民事判决的对象，同其有关的主张受到先前诉讼既判力的影响；而在此之后由于可能会发生法律事实上的变动而导致法律关系产生改变，故该时间点后的新主张不应受“一事不再理”的影响，另行起诉的路径具备合法、合理性。[①] 最高人民法院也存在由于超过了原判决申请执行期限，故当事人选择根据后来签订的和解协议另行起诉，而法院最终选择支持其诉求的案例。[②] 需要说明的是，此类型可诉性是有限度的。在技术上需协调和解协议约定的权利义务与原生效法律文书项下的权利义务关系。防范一旦另诉成功同之前获得的执行依据间“双重救济”，故选择另行起诉就不可选择恢复原判决执行。建议在民事诉讼法第230条的基础上补充以下内容：如一方存在违背和解协议约定的行为，另一方有权要求恢复执行或者由对方当事人就履行和解协议另行诉讼。当事人申请恢复执行，则不允许另行起诉；假如进行另外起诉，则要撤销申请执行，将原执行案件予以终结。根据执行和解协议，原执行依据所认定的标的履行完毕的，如因违约事由而另行起诉，终结原案件执

① 田平安主编：《民事诉讼法学研究》，高等教育出版社2008年版，第280页。

② 卫彦明、张根大、黄金龙：《执行和解协议不履行时当事人的救济途径分析》，载最高人民法院执行局编：《执行工作指导》（2011年第3期），人民法院报出版社2011年版。

行。应针对新产生纷争作出相应裁判。执行和解协议部分履行过程中产生纠纷的，原执行程序终结，已确认履行部分的份额可在原执行案件中抵除，将剩余部分恢复执行。①

(2) 探索建立“事前”筛选与“事后”追踪监管机制

可以尝试建立一种执行和解案件预选机制，具体而言就是对即将进入执行和解程序的案件执行情况及当事人财产、信用等状况进行全面的评估，根据优劣程度将案件分类纳入专门的智能管理系统予以备案，从而让法官能更好地判断是否应该引导当事人选择执行和解，并尽可能的将执行和解蕴含的风险降到最低。如果在事前的预评估阶段发现当事人财产状况及信用能力不佳时，法院应及时、全面地将风险告知当事人。如当事人执意和解，则应承担相应风险。同时，还可以参考终结本次执行程序相关规定，建立一套专门针对执行和解案件管理办法，对已和解的执案件纳入统一的网络管理系统以便实时监督和管理。如定期的对被执行人的财产状况进行“四查”以了解其履行能力是否在发生变化，等等。同时，也应该回访当事人，及时掌握被执行人履行状况，从而有效促使被执行人履行协议。一旦发现当事人存在故意不履行和解协议以规避执行的情况，及时恢复执行并对其进行相应的惩戒措施。这样有既利于提高执行和解案件的履行，也使执行和解制度发挥了其制度应有的积极作用，提高人们对执行和解制度的信赖度。②

(3) 巧借“他山之石”，引入债务人异议之诉救济模式

部分国家及地区为达到防止债权人放弃履行和解协议而刻意要求恢复对原判决的执行，同意赋予债务人可以利用执行异议之诉之方式寻求救济。按照我国台湾地区有关规定，债务人能够“请求法院以判决排除该执行名义之执行力，不许据以申请恢复执行，并撤销已为之执行处分，以保护其利益”。③ 而《日本民事执行法》亦规定，债务人只要认为债务名义的请求权有异议时有权提出要求否定以次此债务名义的执行请求的异议之诉；④ 大量和解争议涉及和解协议是否履行完毕，而要判断其是否履行较为复杂，执行人员基本上只可从

① 韩丽梅：《执行和解协议的可诉性研究》，黑龙江大学2014年硕士学位论文。

② 和润莹：《民事执行和解制度完善研究—以云南省A县人民法院民事执行和解案件为样本》，西南政法大学2015年硕士学位论文。

③ 杨与龄：《强制执行法论（最新修正）》，中国政法大学出版社2002年版，第186页。

④ 白绿铉编译：《日本新民事诉讼法》，中国法制出版社2000年版，第214页。

程序上予以确认其履行状况，从而失去根据是否履行恰当、违约责任归属等问题作出相关判断与归责。债务人异议之诉的存在价值之一就是很好地解决了原生效判决同执行和解协议在相关实体层次范围争议，不但维护了执行程序的安定性，还赋予相关当事人某种程度的诉讼权利而使其救济途径更加广泛，从而保障反映当事人意识的和解协议的得以全面履行，维护其实体权益。①

（4）制定配套的惩戒措施

配套惩戒措施不完善导致执行和解协议履行乏力。按照诚实信用原则，在签订和解协议后应按约积极履行，如无充分、合理的抗辩理由不得拒不履行，否则应承担相应不利后果②。可以尝试建立以一种信用惩戒机制来遏制此诟病，比如将故意不履行执行和解的行为增设为纳入失信名单的内容之一。使得违约人陷入“一处失信处处受限”的局面，从而督促其尽快履行协议。以此，让当事人不敢随意践踏“诚信”的红线。其次，一旦违约，理应对守约方在迟延履行金进行赔，赔偿金额可以参照同期银行利率的两倍计算。最后，对于当事人故意拖延履行、拒不履行、规避履行执行和解协议等行为可采取罚款、拘留等强制司法制裁措施。如因为利用执行和解故意逃避债务造成无法恢复执行且情节严重的，可以考虑以拒执罪追究其刑事责任。③

（5）在执行和解的救济程序中引入不安抗辩权制度

执行办案过程中，相应的手段与措施需要与时俱进加以改变，故应当按照相关执行案件具体情况采取不同的策略以达到执行措施的多样化。④ 在执行和解中建议参考不按抗辩权的相关法规，从而有效维护当事人合法权益。如若一方当事人向法院提供充分证据表明存在不安抗辩权适用的四种相应情况之一的，法院经审查予以确认后应当将执行和解程序予以终止，并及时恢复执行。

（6）做好其他相应细节性配套措施

具体包括以下内容：①确定好另行起诉中的时限及管辖权。②对执行和解的次数及履行期限作出合理的规定。杜绝因无限制的重复达成和解协议与过长的履行期限而严重影响了执行程序公正与效率。③建立、规范好执行和解协议

---

① 江必新主编：《新民事诉讼法执行程序讲座》，法律出版社 2012 年版，第 69 页。

② 谢国淑：《小议执行和解》，载中国法院网，http：//vww. chinacourt. org/article/detail/2010/09/id/426036，于 2017 年 7 月 1 日访问。

③ 董皞主编：《民事执行策略与方法》，人民法院出版社 2009 年版，第 263 页。

④ ［日］小岛武司：《民事诉讼法学译丛诉讼制度改革的法理与实证》，陈刚译，法律出版社 2001 年版，第 107 页。

达成后对已采取强制措施的财产的管理制度。

结 语

作为一种特别的执行手段，执行和解同强制执行对比而言，其能在不侵犯当事人处分权的前提下，有力提升当事人为维护自身合法权益而寻求救济路径的积极性，还改善了执行程序中当事人之间的紧张关系格局，进而减轻“执行难”痼疾所产生的压力。本文以执行程序中“和而不解”现象的防范与救济体制构建为切入点，通过大量的司法数据实证调研的方式，揭示了当前法律规定笼统与司法实践混乱的问题。深入分析和探索执行和解的性质和效力、执行和解反悔次数和履行时间的规定及违反规定的惩罚制度、执行和解司法审查制度、执行和解担保效力、执行和解救济手段、执行和解达成后是否需要对被执行人的财产采取强制措施等问题，对救济体系完善路径构建进行了较为详细的阐述，但依然还有很多不足，需要不断地进行探索和研究。

[新类型疑难案例选评]

余某追缴贪污所得、追缴共同受贿所得、没收财产执行案

邓光扬*

【裁判要旨】

刑事裁判涉财产部分执行中，追缴违法所得优先于罚金、没收财产、没收财物；其中，追缴贪污所得优先于追缴受贿所得。本应被追缴的违法所得被挥霍、处置、损毁的，应责令退赔——以其他等价财物弥补被害人财产损失或上交国库；且，此等价财物必须是合法自有财产，而不能是其他违法所得、违禁物品或他人财物。因此，被执行人未足额履行刑事裁判涉财产义务时，其财产来源的合法性不能阻却追缴违法所得。

【基本案情】

异议人：郑某，被执行人余某之妻。

移送执行人：江苏省南京市中级人民法院。

被执行人：余某。

余某、沈某、董某犯贪污罪、受贿罪、挪用公款罪一案，南京中院2013年5月20日作出（2012）宁刑二初字第25号刑事判决，其中余某的财产性义务是：（1）责令追缴三被告人（余某、沈某、董某）共同受贿所得人民币2000万元（以下均为人民币）；（2）追缴贪污所得379万元；（3）没收个人

* 作者单位：南京市中级人民法院执行局。

财产140万元。刑事判决生效后，三人的财产性判项于2017年2月20日移送执行。

执行中，南京中院从被索贿人处追缴了三被告人案发后退还或寄存的共同受贿所得2000万元；扣划侦查机关冻结、扣押的余某资金154万元，接收余某之妻代缴的1万元；查封余某名下的某小区401室房产（建筑面积136.53平方米，产权来源为房改购房）。

余某的妻子郑某向南京中院提出异议，请求解除对401室的查封。其异议理由是：（1）三被告人共同受贿所得2000万元已执行到位，余某的155万元执行款足可满足没收个人财产140万元，仅剩追缴贪污所得379万元的判项未执行到位；（2）401室是夫妻共同的合法财产，不能成为追缴违法所得（即贪污所得379万元）的标的物。

【裁判结果】

南京中院审查认为，根据《最高人民法院关于刑事裁判涉财产部分执行的若干规定》（以下简称《刑事涉财产执行规定》）第十三条[①]规定，被执行人在执行中同时承担刑事责任、民事责任，其财产不足以支付的，先退赔被害人的损失，后没收财产。本案执行中：（1）余某的财产性判项，既有没收财产的刑事责任，又有退赔被害单位损失的民事责任，执行到位的155万元不能足额退赔被害单位的损失，以及没收财产；（2）被执行人应当严格履行生效法律文书确定的义务，不自动履行的，人民法院可以对其所有的财产采取查封、扣押、冻结、扣划等强制执行措施。故，被执行人余某在执行财物不足以满足全部财产性判项，本院即可对其所有的财产查封、扣押、冻结、扣划。401室登记在余某名下的，无论是否夫妻合法共同财产，本院予以查封并无不当。

---

① 《最高人民法院关于刑事裁判涉财产部分执行的若干规定》第十三条　被执行人在执行中同时承担刑事责任、民事责任，其财产不足以支付的，按照下列顺序执行：

（一）人身损害赔偿中的医疗费用；

（二）退赔被害人的损失；

（三）其他民事债务；

（四）罚金；

（五）没收财产。

债权人对执行标的依法享有优先受偿权，其主张优先受偿的，人民法院应当在前款第（一）项规定的医疗费用受偿后，予以支持。

综上，根据民事诉讼法第二百二十五条、《刑事涉财产规定》第一条、第十三条、第十四条、《最高人民法院关于人民法院办理执行异议和复议案件若干问题的规定》第十七条第一项规定，南京中院于2017年12月14日裁定驳回郑某的异议请求。

［评析］

追缴贪污所得、追缴共同受贿所得、没收之执行顺位

异议人郑某认为法院查封其401室于法无据，只因不明白以下关系：(1)刑事裁判涉财产执行中，追缴违法所得优先于没收财产、没收财物；(2)追缴贪污所得优先于追缴受贿违法所得；(3)财产来源的合法性不能成为追缴违法所得的阻却事由。

一、刑事裁判涉财产执行多个标的并存，可供执行财产不足额时，“追缴”优先于“没收”

（一）我国刑法中的“没收”分为没收财产、没收财物

我国多数学者主张将刑法中的没收分为一般没收、特殊没收：即刑法第五十九条①规定的是一般没收；刑法第六十四条②规定的是特殊没收。笔者赞同上述主张，但更愿将“一般没收”表述为“没收财产”，将“特殊没收”表述为“没收财物”。这样，虽一字之别，但概念更简明、语义更清晰、区别更明显，且更严格沿用了两个法条的本来用语。

1. 刑法第五十九条规定的“没收财产”是刑罚。该法条中的“没收财产”与罚金、剥夺政治权利、驱逐出境并列为附加刑。在理论和实务中，没收财产与罚金，并称财产刑。

2. 刑法第六十四条的“没收财物”是量刑。该法条中的没收违法所得、没收违禁物品、没收供犯罪所用的本人财物，本文概称为“没收财物”。此处

① 刑法第五十九条 【没收财产的范围】没收财产是没收犯罪分子个人所有财产的一部或者全部。没收全部财产的，应当对犯罪分子个人及其扶养的家属保留必需的生活费用。

在判处没收财产的时候，不得没收属于犯罪分子家属所有或者应有的财产。

② 刑法第六十四条 【犯罪物品的处理】犯罪分子违法所得的一切财物，应当予以追缴或者责令退赔；对被害人的合法财产，应当及时返还；违禁品和供犯罪所用的本人财物，应当予以没收。没收的财物和罚金，一律上缴国库，不得挪用和自行处理。

的“没收财物”与第五十九条的“没收财产”，虽同样使用了“没收”这一动词，但两者后缀的宾语不同（一为“财物”、一为“财产”），所以第六十四条的“没收财物”不能归入刑罚中的主刑、附加刑，更与财产刑无关。这从刑法总则编制体列，也足可管窥：第五十九条的“没收财产”位列第三章“刑罚”之第八节；第六十四条的“没收财物”位列第四章“刑罚的具体运用”之第一节“量刑”之下，即“没收财物”与从重处罚、从轻处罚、减轻处罚并列，系刑罚的具体运用——量刑；易言之，第六十四条是刑事诉讼中对犯罪所涉财物权益作出最终处理，是实体意义上的刑事处分。

3. 没收财产与没收财物的联系与区别。两种“没收”的内在属性，均为对犯罪人再犯能力、犯罪人经济利益的剥夺，均体现犯罪人实施犯罪行为所应承担的法律后果。但二者的区另也显而易见：（1）从指向物看。没收财产指向的是与犯罪无关的财产，没收财物指向的是与犯罪行为或结果密切相关的财物——违法所得、违禁品、供犯罪所用的本人财物；（2）从指向物的合法性看。没收财产仅针对犯罪人本人所有的合法财产，没收财产物针对的是不法财物；（3）从理论或实务的表述看。没收财产常被被表述为没收财产刑，没收财物常则常被表述为特殊没收或单称没收；（4）从概念的外延看。财物有合法、非法之别，没收财产中的“财产”只能是财物中的合法者，故没收财产的外延小于没收财物；（5）从词语组合上看。动词“没收”之后缀以“财产”是为财产刑，缀以“财物”是为违法或违禁财物的处分。

（二）“追缴”优先于“没收”的法律依据及法律渊源

1. 追缴违法所得优先于没收财产、没收财物的法律依据

刑事裁判涉财产执行时多个标的并存，可供执行财产不足的，国家作为公法意义上的特殊债权人，以法律宣誓并彰显其谦抑性。通过刑法第六十条①确立了“赔偿经济损失与民事优先原则”——没收财产以前犯罪分子所负的正当债务可优先从没收的财产偿还。此条置于刑罚这一节，又紧列第五十九条之后，无论以体系解释还是文义解释，都不难发现——此处仅指没收财产，不包括没收财物。

与刑法第六十条异曲同工，《最高人民法院关于适用〈中华人民共和国刑事诉讼法〉的解释》（以下简称《刑诉法解释》）第四百四十一条也规定：

---

① 刑法第六十条 【以没收的财产偿还债务】没收财产以前犯罪分子所负的正当债务，需要以没收的财产偿还的，经债权人请求，应当偿还。

"被判处财产刑，同时又承担附带民事赔偿责任的被执行人，应当先履行民事赔偿责任。判处财产刑之前被执行人所负正当债务，需要以被执行的财产偿还的，经债权人请求，应当偿还。"这一条文明确了财产刑（包括没收财产刑、罚金刑）执行劣后于民事赔偿、正当民事债务。

《刑事涉财产执行规定》第十三条，关于人身损害赔偿中的医疗费用、退赔被害人的损失、其他民事债务、罚金、没收财产这一执行顺序的制度设计，更是将财产刑劣后执行原则落实到了实务中，增加明确具体的可操作性。

上述法律规范，明确了上缴国库存的没收财产劣后于民间赔偿（人身损害、被害人损失、正当民事债务等）。《刑诉法解释》第三百六十六条则规定，没收财物也劣后于退赔被害人损失。该条文规定："查封、扣押、冻结的财物及其孳息，经审查，确属违法所得或者依法应当追缴的其他涉案财物的，应当判决返还被害人，或者没收上缴国库，但法律另有规定的除外。"条文在"应当判决返还被害人"与"没收上缴国库"之间，虽以连词"或"表示并列、选择，该条文规范的虽然是执行款拨付的顺序，但结合刑事法律、司法解释，进行体系分析，仍不难扩大解释出——明确了上缴国库存的没收财物劣后于民间赔偿（人身损害、被害人损失、正当民事债务等）。

这种按顺位、不按比例执行的法理基础是，人身权价值位阶高于财产权、保护公民人身财产免受不法侵害的法益高于侵权或违约引起的民事债务，以及处分刑事涉案财产时国不与民争利。

2. 追缴违法所得优先于没收财产、没收财物应的非正式法律渊源

没收财产、没收财物劣后执行，体现国家公权力的谦抑，折射出国不与民争利理念。国不与民争利发端于春秋战国，明确于西汉时期，在中国历代王朝都忝列为指导思想，暗合了自由主义经济学思想。其涵义，一是指出官府凭借特权攫取市场收益违反了社会分工的自然规则，后果是加剧贫富差别并引起社会动乱，因而具有非道德和非王道性质；二是说明官府为利于财政收入和官员个人财富增加而直接参与经济事务，必然压抑民间经济行为主体，从而降低经济运行的整体效益，不具可持续性。

国不与民争利也是现代政治理念支撑下的政府与公民的基本财产权利关系。在社会管理格局中，明确公权机构在社会管理中的责任，坚持国不与民、公权机关不与民争利，更能扩大公众认同、增加国家管理的公信。

二、追缴贪污所得优先于追缴受贿所得

追缴贪污所得与追缴受贿所得义务并存时，被执行人可供执行财产不足的，执行顺位何在先？刑法、刑事诉讼法，以及这两部法律的司法解释都未规定。实务中被奉为圭臬的《刑事涉财产执行规定》第十三条，也只规定人身损害赔偿中的医疗费用、退赔被害人的损失、其他民事债务、罚金、没收财产，以及债权人对执行标的优先受偿权等六者间的执行顺位，对于追缴违法所得与上述六者间的顺位没作排序，至于追缴贪污所得与追缴受贿所得的顺位更未涉及。

（一）追缴贪污所得优先于追缴受贿所得的法理和逻辑

最高人民法院执行局认为："追缴的赃款赃物如果属于应当退赔被害人损失的财产，应按照退赔被害人的损失的顺位处理，如果属于应当上缴国库的财产，则不能归入合法自有财产的范围。"① 结合这一意见，本文认为追缴贪污所得的赃款赃物属于应当退赔被害人损失的财产，追缴受贿所得的赃款赃物属于应当上缴国库的财物用于救济被害人经济损失；因此追缴贪污所得应按照退赔被害人的损失的顺位处理，优先于追缴受贿所得。

此外，还可依据国不与民争利理念，从法理和形式逻辑上推导出追缴贪污所得优先于追缴受贿所得。

执行中，退赔被害人的损失优先于罚金、没收财产，其意旨是国不与民争利。其三段论是：大前提——国不与民争利；小前提——罚金、没收财产所得均上交国库，退赔被害人的损失用于救济被害人经济损失；结论——退赔被害人的损失优先于罚金、没收财产。

同理可得：大前提——国不与民争利；小前提——追缴受贿犯罪违法所得上交国库，追缴贪污所得用于救济被害人经济损失；结论——"追缴贪污所得"优先于"追缴受贿犯罪违法所得"。

（二）追缴贪污所得优先于追缴受贿所得，适用于同一被执行人，不能类推适用于不同被执行人之间

本文实例中并存三个执行标的：第一，追缴余某贪污所得379万元；第二，追缴三被告人共同受贿所得2000万元；第三，余某没收余某个人财产140

① 最高人民法院执行局编著：《〈最高人民法院关于刑事裁判涉财产部分执行的若干规定〉理解与适用》，中国法制出版社2017年版，第184页。

万元。执行实务中，自应按序执行：追缴贪污所得——追缴受贿所得——没收财产。为此，余某的155万元执行款就当优先用于“追缴余某贪污所得379万元”，不足部分继续向其追缴。

郑某关于撤销对其房产查封的异议请求被裁定驳回后，郑某及被执行人余某又口头提出：“既然‘追缴贪污所得’优先于‘缴受贿所得’，余某的155万元执行款优先纳入追缴贪污所得379万元，再从执行到位的‘三被告人共同受贿所得2000万元’中‘剜取’224万元，这笔贪污违法所得379万元就执行完毕了。”

余某及其妻的主张甫一提出，即遭另两被执行人反对：三被告人共同向张某索贿，案发后又先后将全部受贿（索贿）所得退还或寄存张某处。南京中院从被索贿人张某处追缴到位2000万元，三被告人（被执行人）“追缴共同受贿所得”的判项即告执行完毕。若三人任一成员从中“剜取”资金，用于执行其独有的财产性判项，必将使本已“圆满”的“追缴共同受贿所得”再度“亏缺”，从而损害他人利益——纵使他人独自的其余财产性义务履行完毕，也会因“追缴三被告人共同受贿所得2000万元”未履行完毕而牵连，丧失命案“执行完毕”的“利益”，从而影响后续的减刑假释。

笔者赞同另两被执行人的反对意见。追缴贪污所得优先于追缴受贿所得的顺位，适用于同一被执行人并存这两项义务时，以其既有违法所得（绝不是以他人违法所得），优先用于追缴贪污所得；不能类推适用于不同被执行人之间——纵使共犯成员对共同的刑事涉财产义务实行连带责任，一旦该共同义务履行完毕，也不能责令任一成员替其他成员履行非共同性财产义务。因此，不论依余某申请，还是依法院职权，都不能从2000万元中“剜补”资金用于某一共犯独自的财产性判项，否则，以共犯成员违法所得履行其独有的财产性义务，不仅不公平，而且有“执行法院为共犯成员重新分赃”之嫌。

笔者同时认为：如果2000万元执行款，全部或其中224万是单独从余某处执行而得，确可“剜取”224万元连同从余某处执行到位的另155万元一并优先用于“追缴余某贪污所得379万元”。理由自然是，同一被执行人并存这两项义务时，“追缴贪污犯罪所得”优先于追缴受贿所得。但本文实例不是此例情形。

（三）多人共同贪污受贿的执行款交付时，追缴贪污所得优先于追缴受贿所得

本文实例，对三被告人（被执行人）而言，任一成员都不能从“追缴三被告人共同受贿所得2000万元”中“剜取”资金，用于执行其独自的财产性义务，旨在均衡保护各被执行人利益。但是，受余某贪污的被害单位的利益如何保护？

《刑事涉财产执行规定》第十三条第一款规定，退赔被害人的损失优先于罚金、没收财产。对国家而言，追缴受贿所得与罚金、没收财产的执行款并无两样，三者上缴国库时，统统不加区分地归为罚没款。因此，在法院处置执行款时，可将追缴受贿所得与罚金、没收财产同等对待。针对被害单位因余某贪污所受379万元损失，可先将余某的155万元退赔被贪污单位，再从“三被告人共同受贿所得2000万元”中“剜取”224万元（余某在共同受贿所得2000万元中占6/11，即1090.90万元），以足额退赔被害人损失379万元。

细心的读者肯定会诘问，这与文前“不能从2000万元中‘剜补’资金用于某一共犯独有的财产性判项”的观点截然相反，却是为何？

对此，需特别说明：说“不能”，针对的是追缴的义务主体——三位被执行人；说“可以”针对的是追缴的权利主体，即执行款的受领主体——被害单位。执行法院从“三被告人共同受贿所得”中“剜取”224万元，以优先、足额退赔被害人损失，是法院对追缴到位后的执行款的处置，无关三被告人（被执行人）的权利义务。法院从中“剜取”的资金单独用于余某的财产性标的，相应缺额只“记”余某一人名下。即，“追缴三被告人共同受贿所得”的标的已执行完毕，但余某从中“剜取”224万元，仍将责令余某继续退赔——只是继续退赔到位后，这224万元不于退还被害单位，而是上缴国库。即，另两人如独有的财产性义务均履行完毕，则可拿到“执行完毕”的结案通知书；而余某即便独有的财产性义务履行完毕，也只能“终结本次执行程序”的执行裁定书，仍将被责令继续退赔包括224万元在内的财产性义务。

三、追缴违法所得不能的，应责令折价赔偿

本文实例中，郑某主张“合法财产不能成为追缴违法所得的标的物”，盖不知或故作不知：追缴违法所得不能时，应责令退赔。

追缴制度在我国刑事、民事、行政法律规范中普遍存。法律未对之明确定

义，法学词典、现代汉语词典亦无专门解释，但从字面分析，应包含追查、缴获的双重文义或行为。在刑事领域，追查包含立案、调查、搜查、查封、扣押、冻结等一切措施，在行政领域的含义也大致相仿；缴获则是收缴且获取。

“追缴”一词源自我国1979年刑法第六十条规定：“犯罪分子违法所得的财物应当追缴或者责令退赔；属于被害人的合法财产应当及时返还；违禁品和供犯罪用的本人财物一律没收，上缴国库。”1997年刑法对该条稍加修改，成为沿用至今的第六十四条，即我国刑法对违法所得一以贯之地对采取追缴、责令退赔两种途径。

何种情形下追缴，何种情形下责令退赔？

（一）赃物不能追缴的原物的，法院可依职权责令罪犯等价退赔

1999年10月27日，最高人民法院在《全国法院维护农村稳定刑事审判工作座谈会纪要》明确规定：“如赃款赃物尚在的，应一律追缴；已被用掉、毁坏或挥霍的，应责令退赔。”

1998年7月8日起施行的《最高人民法院关于人民法院执行工作若干问题的规定（试行）》第57条也规定：原物确已变质、损坏或灭失的，应当裁定折价赔偿或按标的物的价值强制执行被执行人的其他财产。① 针对他人协同被执行人转移财物或票证的，第58条规定，人民法院有权责令其限期追回或裁定其承担赔偿责任。②

2015年2月4日起施行的《最高人民法院关于适用〈中华人民共和国民事诉讼法〉的解释》在第四百九十四条也明确，作为特定物执行标的的原物毁损或者灭失的，可以折价赔偿③。

《联合国反腐败公约》规定的等值没收，其意趣也能较好追缴与责令退赔

---

① 《最高人民法院关于人民法院执行工作若干问题的规定（试行）》

57. 生效法律文书确定被执行人交付特定标的物的，应当执行原物。原物被隐匿或非法转移的，人民法院有权责令其交出。原物确已变质、损坏或灭失的，应当裁定折价赔偿或按标的物的价值强制执行被执行人的其他财产。

② 《最高人民法院关于人民法院执行工作若干问题的规定（试行）》

58. 有关单位或公民持有法律文书指定交付的财物或票证，在接到人民法院协助执行通知书或通知书后，协同被执行人转移财物或票证的，人民法院有权责令其限期追回；逾期未追回的，应当裁定其承担赔偿责任。

③ 《最高人民法院关于适用〈中华人民共和国民事诉讼法〉的解释》第四百九十四条　执行标的物为特定物的，应当执行原物。原物确已毁损或者灭失的，经双方当事人同意，可以折价赔偿。

的适用情形。该公约第31条规定："允许法官在下列情况中没收犯罪人的合法财产：(1)犯罪所得及其产生的收益已经全部或者部分被挥霍、损毁或消耗；(2)作为犯罪所得的特定物（如古玩）已经灭失或者已经被转让并不可追回；(3)犯罪所得及其产生的收益已经与犯罪人的合法财产相互混合无法分割。"

（二）赃物不能追缴的原物的；被害人可申请法院责令罪犯等价退赔

在刑事案件中，犯罪分子破坏的是刑法所要保护的法益，其中，当然涉及刑事案件的被害人，此时，被害人（受贿罪无被害人，但受贿所得的权利主体是国家）的角色就不是一般意义上的民事法律关系中的当事人。其利益是被犯罪行为侵害的，而不是一般的违法行为。因此，《刑诉法解释》第一百三十九条对被害人财产也采用了"追缴或责令退赔"的表述，将追缴或责令退赔同时作为被害人财产保护的途径。

同时，《最高人民法院关于刑事附带民事诉讼范围问题的规定》第五条第一款规定，犯罪分子非法占有、处置被害人财产而使其遭受物质损失的，人民法院应当依法予以追缴或者责令退赔。

（三）责令罪犯等价退赔的财物应当是罪犯的合法自有财物

追缴违法所得或责令退赔是国家司法机关针对犯罪分子的违法所得或因非法占有、处置被害人的财产而使被害人遭受物质损失的，依职权对该违法所得或被侵害的财产的一种处理方式。其是刑法保护和修复因犯罪行为而被损害的社会关系的一种积极的手段和措施，具有浓重的职权色彩；其体现的是刑法严厉的强制力和高效率，目的是尽快修复被破坏的社会关系，保护被害人。

责令退赔的财产必须是犯罪无关的、罪犯的合法自有财产，而不能而不能是其他违法所得、违禁物品（其他违法所得应向其他权利主体退赔，违禁品和供犯罪所用的本人财物，应当予以没收）。

四、结语

刑事裁判涉财产部分执行时，追缴违法所得优先于罚金、没收财产、没收财物；追缴贪污所得优先于追缴受贿所得；本应被追缴的违法所得被挥霍、处置、损毁的，应责令退赔——以其他等价财物弥补被害人财产损失或上交国库；且，此等价财物必须是合法自有财产。因此，被执行人未足额履行刑事裁判涉财产义务时，其财产来源的合法性不能阻却追缴违法所得。

《最新法律文件解读》丛书
稿　　约

《最新法律文件解读》是一套以为最新法律规范提供同步"解读"为主的系列丛书，分为刑事、民事、商事、行政与执行4个分册，按月出版。

本丛书以"解读"为重点，突出全、专、新、快、准等特点，通过对最新出台的法律、法规、司法解释、部门规章以及重要地方性法规进行同步动态解读，弥补了法律、法规、司法解释汇编类出版物没有同步阐释、解读内容的不足，为广大读者学习理解最新法律规范，正确贯彻执行法律文件，及时解决实践中的新情况、新问题，提供一个全方位、多层面的法律信息平台。

欢迎您向以下栏目赐稿：

【最新法律文件解读】主要是对最新颁行的法律文件进行解读，帮助司法和执法人员正确理解法律文件的立法背景、意义、重点内容、在适用中应注意的问题、与相关法律文件的衔接与互动关系等等。

【司法实务问题研究】主要刊登对司法理论、实务及司法管理工作中的热点、疑难问题进行研究及评论的文章。

【新类型疑难案例选评】主要是对司法和行政执法实践中具有典型性和代表性的疑难案例，结合具体案情以及审理或处理结果进行简练精辟的点评，解析认识问题的方法、处理问题的法律依据和在个案中的具体适用。

【法学前沿与新视点】以摘要的形式刊登相关法学理论研究的最新动态及具有代表性和典型性的前沿问题，扩展法学研究的深度和广度。

【法律适用问题解答】主要针对司法和行政执法实践中面临的新问题、热点问题、疑难问题进行简要的解答，指出涉及的法律关系，明确法律适用依据。

稿件一经刊用，即付稿酬，稿酬从优。

《刑事法律文件解读》　姜　峤　邮箱：bj85250573@126.com
《民事法律文件解读》　丁丽娜　邮箱：dlnlaw@163.com
《商事法律文件解读》　路建华　邮箱：shangshijiedu@126.com
《行政与执行法律文件解读》　张　奎　邮箱：271717306@qq.com

人民法院出版社

《最新法律文件解读》丛书编辑部